Katzenkinder

Sarah Whitehead

Katzenkinder

Die Entwicklungsphasen der jungen Katze
Mit Katzen leben

AUGUSTUS

Es ist nicht gestattet, Abbildungen dieses Buches zu scannen, in PCs oder auf CDs zu speichern oder in PCs/Computern zu verändern oder einzeln oder zusammen mit anderen Bildvorlagen zu manipulieren, es sei denn mit schriftlicher Genehmigung des Verlages.

Die Deutsche Bibliothek – CIP-Einheitsaufnahme

Ein Titeldatensatz für diese Publikation ist bei der Deutschen Bibliothek erhältlich.

Dieses Buch folgt den Regeln der neuen deutschen Rechtschreibung

Titel der Originalausgabe:
The complete guide to the kitten
© Text und Layout Thalamus publishing 2000

Augustus Verlag München 2001
Deutsche Ausgabe © Weltbild Ratgeber Verlage GmbH & Co. KG
Alle Rechte vorbehalten
Umschlaggestaltung: Vera Faßbender, München
Umschlagbild: Juniors/Steimer
Übersetzung (für APE, Overath): Karin Hirschmann und Inge Wehrmann
Redaktion und Satz der deutschen Ausgabe: APE (Agents – Producers – Editors), Overath
Satz: Gesetzt aus der Bembo
Gedruckt auf chlorfrei gebleichtem Papier
Printed in Spain

ISBN 3-8043-7212-0

Bildnachweis
Bildrecherche durch Image Select International Limited
Images Colour Library: 37; RSPCA Photolibrary: (Geoff du Feu) 9, (Cheryl A Ertelt) 90, (Angela Hampton) 2–3, 16, 25, 48, 56, 57, 58, 60, 68, 91, 94, 102, 108, 130, 137, (EA Janes) 7, (Ken McKay) 96, (D Muscroft) 30, (Alan Robinson) 45 unten, 46, 47 unten; Spectrum Colour Library: 20, 23, 29 unten, 43 oben, 43 unten, 44, 80, 92, 99, 100, 117 oben, 128, (Anne Cumbers) 38, 42, 47 oben, 49, 88, 97, (Mrs JM Lochhead) 109; SuperStock: 143; Warren Photographic 1, 6, 8, 10, 11, 12, 13, 14, 15, 17, 18, 19, 21, 22, 24, 26, 27, 28, 29 oben, 31, 32–33, 33 unten, 34, 35, 36, 39, 40, 41, 45 oben, 50, 51, 52, 53, 54, 55, 59, 61, 62, 63, 64, 65, 66, 67, 69 oben, 69 unten, 70, 71, 72, 73, 74, 75, 76, 77, 78, 79, 81, 82, 83, 84, 85, 86, 87, 89, 93, 95 oben, 95 unten, 98, 101, 103, 104, 105, 106–107, 107 oben, 110, 111, 112, 113, 114, 115, 116–117, 118, 119, 120, 121, 122, 123, 124, 125, 126, 127 oben, 127 unten, 129, 131, 132 oben bis 133, 132 unten, 134, 135, 136, 138, 139, 140, 141, 142

Inhalt

Einleitung – Wie die Katze auf den Menschen kam	**6**
Lernen, eine Katze zu sein	**10**
Geburt und erste Lebenswoche	10
1. bis 2. Woche	12
2. bis 4. Woche	14
4. bis 7. Woche	16
7. bis 12. Woche	18
3. bis 6. Monat	20
6. bis 12. Monat	22
Die Sozialisierungsphase	24
Eingewöhnung	26
Entwöhnung von der Muttermilch	28
Soziale Kommunikation	30
Kommunikation mit der Katze	34
Katze und Mensch	**36**
Welche Katze passt zu mir?	36
Rasse und Geschlecht	38
Alter und Anzahl der Kätzchen	40
Entscheidung für eine Katze mit Stammbaum	42
Wie finde ich ein Kätzchen?	48
Woran erkenne ich ein gesundes Kätzchen?	52
Katzenverhalten im Wurf	54
Das neue Zuhause des Kätzchens vorbereiten	56
Mit dem Kätzchen auf Reisen	58
Das Kätzchen mit seinem Zuhause bekannt machen	60
Das Kätzchen mit einer älteren Katze bekannt machen	62
Katzen und kleine Kinder: Fakten und Fiktion	64
Grundausstattung	66
Ernährung	68
Bewegung und Spiel	72
Aufmerksamkeit und richtige Behandlung	76
Pflege	78
Hygiene und Katzentoiletten	82
Kennzeichnung	84
Sicherheit im Haus	86
Sicherheit im Freien	88
Nach draußen gehen	90
Eine Wohnungskatze bei Laune halten	94
Die Wahl einer Katzenpension	96
Verhalten	98
Die Erziehung des Kätzchens	100
Verhaltensauffälligkeiten: Sauberkeit	102
Markieren	104
Die »tollen fünf Minuten«	106
Kratzen und übertriebene Fellpflege	108
Pica, Kauen und Sabbern	110
Jagdverhalten	112
Aggression	114
Aggression gegen Artgenossen	116
Ängstlichkeit	118
Die Katze wird krank	**120**
Die Wahl des Tierarztes	120
Gesundheitsschutz	122
Kastration und Schutz vor Flöhen	124
Zahnpflege	126
Verabreichung von Medikamenten	128
Allgemeine Gesundheitsprobleme	130
Wann der tierärztliche Notdienst anzurufen ist	136
Das Kätzchen wird erwachsen	142
Register	144

Einleitung

Wie die Katze auf den Menschen kam

Sobald Sie sich ein Kätzchen ins Haus holen, teilen Sie Ihr Leben mit einem Tier, das sowohl wild als auch domestiziert ist. Im zarten Babyalter können Katzen bereits erstaunlich gut klettern, sich anschleichen und jagen, genauso gern rollen sie sich aber auf Ihrem Schoß zusammen.

Vor 4000 Jahren wurden wir Menschen von den Katzen adoptiert! Wir geben ihnen Nahrung, Obdach, Sicherheit, Nähe und Zuneigung, sie können aber jederzeit weggehen und bestens für sich selbst sorgen. Diese seltsame Mischung aus Selbstbestimmung und Abhängigkeit ist es, was viele Menschen an Katzen so fasziniert.

Ein Kätzchen entwickelt sich so schnell zur Katze, dass man fast dabei zusehen kann. Aus dem niedlichen, anfangs noch so verletzlich und hilflos wirkenden Baby wird innerhalb von wenigen Wochen ein richtiges Raubtier, im Aussehen wie im Verhalten. Katzen sind geborene Jäger. Ihr geschmeidiger, kräftiger Körper ist sehr beweglich und mit wirksamen Waffen ausgestattet. Kaum ein anderes Tier hat so formvollendete Krallen, die beim Laufen und Springen eingezogen werden können, oder so scharfe Zähne zum Zerreißen kleiner Beutetiere.

Die Sinne der Katze sind optimal geschärft, um Beute aufzuspüren und Gefahren aus dem Weg zu gehen: Die Ohren können sich um 180° drehen und der Geruchssinn ist so fein, dass Katzen den leisesten Duft gleichzeitig erschmecken und erriechen können.

▶ *Das Leben ist ein Abenteuer!*

▼ *Das eine Woche alte Kätzchen ist noch blind und taub, spürt aber schon die Wärme der menschlichen Hand.*

▲ *Katzen haben sich trotz jahrhundertelanger Domestizierung kaum verändert.*

Katzen jagen meist allein und sind so extrem erfolgreich. Dank ihrer Anpassungsfähigkeit konnten sie den Menschen überallhin folgen und profitierten davon. Dabei hat sich ihr Körper kaum verändert. Abweichungen gibt es nur in Fellfarbe und -länge und manchmal auch in der Schwanz- und Kopfform.

Die Geschichte der Katze

Es ist belegt, dass Katzen und Menschen seit 1500 v. Chr. zusammenleben. Durch Funde aus dem alten Ägypten wissen wir, dass Katzen, die unseren heutigen Stubentigern sehr ähnlich waren, mumifiziert wurden, um ihre verstorbenen Besitzer auf der Reise ins Jenseits zu begleiten.

Diese Katzen stammten höchstwahrscheinlich von der nordafrikanischen Wildkatze (*Felis sylvestris lybica*) ab, die entwicklungsgeschichtlich eine leichte Veränderung erfahren hatte. Die Katzen verloren ihre Angst vor dem Menschen, lebten fortan in seiner Nähe und ernährten sich von Tieren, die ihrerseits von Abfällen und Getreidespeichern angezogen wurden.

Alles deutet darauf hin, dass die afrikanische Wildkatze, auch nubische Falbkatze genannt, ein Vorfahr unserer Hauskatze ist, denn noch heute lebt diese Art in ihrer ursprünglichen Heimat in der Nähe von Menschen. Interessanterweise ist ihre DNA identisch mit der unserer Hauskatze, während andere Arten, so auch die bei uns heimische europäische Wildkatze, sich darin erheblich unterscheiden.

Angesichts dieser Verwandtschaft ist es verständlich, dass unsere Hauskatze ihr ursprüngliches Verhalten weitgehend beibehalten hat. Selbst Katzen, die ausreichend Futter, ein gutes Zuhause und viel Zuwendung bekommen, müssen von Zeit zu Zeit ihren Jagdtrieb ausleben.

In der Wohnung und insbesondere in der Stadt lebende Katzen sollten ihren natürlichen Bedürfnissen nachgehen, also sich zum Beispiel ungestört zurückziehen und in Ruhe ihren Toilettengang erledigen können. Außerdem wollen sie auf die Pirsch gehen, jagen, attackieren, klettern. Wird der Jagdtrieb in der freien Natur gewöhnlich 20- bis 30-mal täglich ausgelebt, ist das drinnen nur eingeschränkt oder gar nicht möglich, wenn die Katze ausschließlich in der Wohnung lebt und keine anderen Spiel- oder vorgetäuschte Jagdgelegenheiten hat.

Leider ist der Mensch im Gegensatz zur Katze meist nicht sehr anpassungsfähig. Er toleriert unerwünschte Verhaltensweisen im Haus selten und erforscht ihre Gründe kaum.

Verständnis für die Katze

Wenn Sie verstehen, warum Ihr Kätzchen sich so und so verhält, treten viele Probleme gar nicht erst auf. Sie bekommen mit der Zeit ein besseres Gespür für Ihr Haustier als eigenständiges Wesen, das dauerhafte Beziehungen zu Artgenossen, zu Menschen und anderen Tieren eingehen kann.

Viele Katzen werden wegen ihrer Anhänglichkeit gehalten. Trotz ihrer »Wildheit« sieht die Katze in ihrem Halter eine Ersatzmutter, und diese Bindung bleibt bis ins hohe Alter bestehen. Selbst ausgewachsene Katzen lassen sich gern liebkosen, füttern und anreden und haben eine innige Beziehung zu ihrer »Familie« und ihrem Heim. Manche Katzen fühlen sich ihren Besitzern so verbunden, dass sie keine Trennung verkraften, andere hängen so an ihrer Umgebung, dass sie die weitesten Strecken bis »nach Hause« zurücklegen, auch wenn ihnen anderenorts die gleiche Liebe und Zuwendung zuteil wird.

Wir Menschen haben nur vage Vorstellungen von der Welt der Katzen. Was sie von ihrer Umgebung und uns Menschen wahrnehmen, wird von Sinnen gesteuert, die sehr viel empfindlicher sind als unsere eigenen. Katzen nehmen die meisten Umweltinformationen über den Geruchssinn auf. Die Düfte, die Menschen und andere Katzen hinterlassen, »lesen« sie wie Wörter. Wenig bekannt ist allerdings über die Verarbeitung dieser Informationen und wie wir Menschen dieses Wissen für eine intensivere Beziehung zu Katzen nutzen könnten.

Dieses Buch soll Ihnen helfen, in der kurzen Zeit, in der das Kätzchen zur Katze wird, die bestmögliche Beziehung zu ihm aufzubauen. Die Augenblicke, in denen es sich auf Samtpfoten einem Blatt im Wind nähert, spielt, friedlich vor dem Kamin schläft oder zusammengerollt in Ihrem Schoß liegt, werden Sie für all die Zeit, Arbeit und Geduld entlohnen, die es braucht, um in unserer hektischen Zeit ein glückliches und zutrauliches Kätzchen großzuziehen. Viel Spaß!

▼ *Katzen können Freunde fürs Leben sein.*

Lernen eine Katze zu sein

Geburt und erste Lebenswoche

Wenn Katzen nach durchschnittlich 65 Tagen geboren werden, können sie ihre Körpertemperatur noch nicht selbst regulieren, sind blind, (fast) taub und zunächst völlig hilflos. Nicht einmal Urin- und Kotabgabe gelingen ohne Hilfe der Mutter, die diese Körperfunktionen durch Belecken der Ausscheidungsorgane stimulieren muss.

Zwei entscheidende Fähigkeiten sind Katzenbabys jedoch angeboren – eine davon verrät die im Vergleich zum restlichen Körper recht große Nase. Obwohl der Geruchssinn erst mit drei Wochen voll entwickelt ist, können Katzenbabys über den Speichelgeruch ihrer Mutter den Weg zu einer Zitze finden. Dort angekommen, veranlasst ein Reflex sie dazu, sich anzukuscheln und an jedem beliebigen Gegenstand zu saugen. Noch beeindruckender ist ihre Fähigkeit, eine Wärmequelle auszumachen. Auf der Suche nach dem warmen Bauch der Mutter zum Schlafen und Trinken legen sie relativ lange Strecken zurück.

▼ *Neugeborene Kätzchen, die von der Katzenmutter sauber geleckt werden.*

◀ Die werdende Katzenmama sucht ein ruhiges, sicheres Plätzchen für die bevorstehende Geburt.

Neugeborene Kätzchen können noch nicht alleine stehen und bewegen sich kriechend fort. Dabei wiegen sie den Kopf hin und her, um die Balance zu halten. Die meisten Kätzchen wiegen bei der Geburt zwischen 80 und 110 g. Das Gewicht verdoppelt sich meist schon in der ersten Lebenswoche, in der Trinken und Schlafen die Hauptbeschäftigungen der Jungen sind. Die Katzenmama säugt sie so oft wie nötig und verbringt einen Großteil der Zeit mit Säubern und Belecken ihrer Jungen, um die Ausscheidungsorgane zu stimulieren.

Frühe Instinkte und Fähigkeiten

Gleich in der ersten Woche entwickeln manche Kätzchen eine Zitzenpräferenz: Sie wollen nur an einer bestimmten Zitze saugen und vertreiben die Geschwister von ihr.

Katzen sind berühmt für ihren Stellreflex, das heißt, sie können sich im Fall drehen, um auf den Pfoten zu landen. Diese motorische Fähigkeit ist aber nicht angeboren, sondern entwickelt sich meist erst im Alter von vier bis sechs Wochen. Allerdings können sich auch schon Neugeborene alleine aus der Rückenlage aufrichten – als Überlebensstrategie eminent wichtig.

Das Schnurren ist den Katzen angeboren und dient wahrscheinlich der Kommunikation zwischen Katzenbabys und Katzenmutter. Am Schnurren erkennt die Mutter, dass ihre Sprösslinge richtig saugen. Auch Schreie können die Kleinen schon ausstoßen, um ihrer Mutter zu signalisieren, wo sie sind, dass sie Hunger haben, frieren oder irgendwo feststecken.

Die Zeit von der Geburt bis zum 10. Tag ist von elementarer Bedeutung. Selbst in diesem frühen Entwicklungsstadium sind Geruchs- und Tastsinn der Katze schon ausgebildet. Das heißt, es kann eine erste Kontaktaufnahme durch den Menschen erfolgen, damit das Kätzchen zu einer vertrauensvollen, kontaktfreudigen Katze heranwächst. Für den Anfang genügt es, die Jungen vorsichtig in die Hand zu nehmen und sie kurz zu streicheln. So kann man auch feststellen, ob die Kätzchen gesund sind. Eine zutrauliche Katzenmutter wird nichts dagegen haben, so lange sie ihre Jungen beim Menschen in sicherer Obhut weiß.

◻ LERNEN EINE KATZE ZU SEIN

1. bis 2. Woche

In den ersten zwei Lebenswochen wachsen und entwickeln sich die Kleinen in rasantem Tempo. Etwa um den 10. Tag öffnen sie die Augen, und trotz eingeschränkten Sehvermögens erkennen sie bereits ihre Mutter, ihre Geschwister und ihre Umgebung.

Auch das Gehör entwickelt sich. Die Gehörgänge öffnen sich etwa nach der ersten Woche, richtig ausgebildet ist das Hörvermögen jedoch erst in der vierten Woche.

Die Fortbewegung wird allmählich weniger schlangen-, sondern immer mehr katzenartig. Katzen können zwar erst mit etwa 17 Tagen richtig laufen, gebrauchen vorher aber immer öfter ihre Vorderbeine, insbesondere beim Trinken oder Kuscheln mit den Geschwistern.

Das Säugen nimmt weiterhin einen sehr wichtigen Platz ein, der Saugreflex wird aber differenzierter. Die Kleinen lassen sich jetzt nicht mehr von einem Finger täuschen; sie nuckeln nur noch an den Zitzen ihrer Mutter. Dabei kann man die Kätzchen häufig beim Treteln beobachten. Dieses Instinktverhalten wird als Milchtritt bezeichnet und soll die Milchproduktion der Mutter

▼ *Zwei Tage alte Burma-Kätzchen*

▲ *In dem Bedürfnis nach Wärme und Sicherheit kuscheln sich die Kleinen eng aneinander; Wurfgeschwister tun dies auch später noch.*

anregen. Interessanterweise zeigen manche Katzen dieses frühkindliche Verhalten auch noch im Erwachsenenalter, wenn sie von ihren Ersatzmüttern – uns Menschen – liebkost werden. Bei einigen Katzen ist es so ausgeprägt, dass sie nicht nur mit dem Milchtritt, sondern auch mit Speichelfluss reagieren.

Mutterpflichten
Ein paar Tage nach der Geburt kann es vorkommen, dass die Mutter den Wurf plötzlich aus Sorge um die Sicherheit umquartiert. Wenn sie die Kleinen am Genick packt, um sie in das neue Nest zu tragen, verfallen sie in die Tragestarre, eine instinktive Reaktion auf den Haltegriff. Sie ist auch bei vielen erwachsenen Katzen noch zu beobachten und in Gefahren- und Notsituationen sehr nützlich.

Katzenbabys werden zwar zahnlos geboren, doch das erste Gebiss entwickelt sich schnell. Ab dem 14. Tag brechen die Milchzähne durch. Dann beginnt meist auch die Entwöhnung von der Muttermilch. Das ist auch gut so, denn die scharfen Zähnchen machen der Katzenmutter beim Säugen sehr zu schaffen.

In dieser Zeit sollte man die kleinen Katzenbabys an Anblick, Stimme, Geruch und Berührung von Menschen gewöhnen. Wenn Sie in dieser Zeit die Kätzchen behutsam halten, sanft streicheln und berühren, schaffen Sie die Basis für eine positive Bindung.

□ LERNEN EINE KATZE ZU SEIN

2. bis 4. Woche

Der Zeitraum zwischen dem 10. Tag und der 3. Woche wird bei Katzen wegen der vielen Veränderungen als Übergangsphase bezeichnet. Die Kätzchen können inzwischen stehen und einige zaghafte Schritte unternehmen. Das Milchgebiss entwickelt sich zusehends, und die Kleinen fangen an, auf fester Nahrung herumzukauen – ganz nach dem Vorbild der Mutter.

Seh- und Hörvermögen der Kätzchen werden immer besser. Sie verfolgen bewegliche Gegenstände mit den Augen und reagieren auf laute Geräusche. Mit drei bis vier Wochen lernen sie allmählich, ihre Ausscheidungen zu kontrollieren, und suchen vermehrt die Streukiste auf, wenn sie nahe beim Nest steht. Ein wichtiger Teil dieses Lernprozesses besteht darin, die Mutter beim Benutzen der Streukiste zu beobachten und sie nachzuahmen.

Sobald sich die Kätzchen richtig bewegen können, spielen sie. Anfangs noch langsam und unbeholfen, werden sie mit der Zeit immer flinker, lauern einander auf und stürzen sich auf den Schwanz ihrer Mutter. Mit drei bis vier Wochen fangen sie an, beim Spielen zu beißen, und müssen auch lernen, sich dabei zurückzuhalten, indem sie herausfinden, was weh tut und was nicht.

Um die vierte Woche wird es ernst mit der Entwöhnung von der Muttermilch – eine sehr wichtige Phase für Verhalten und körperliche Entwicklung der Kätzchen, denn sie steht für zunehmende Unabhängigkeit und die Fähigkeit, mit Frustration umzugehen (vgl. S. 28–29).

Die Sozialisation beginnt

Mit dem »Abstillen« scheint sich auch das Spielverhalten zu verändern: Die Kätzchen spielen jetzt mehr mit Gegenständen als miteinander – sie üben spielerisch den Beutefang, was

immens wichtig für ihre spätere Rolle als Jäger ist.

Trotz guter Fütterung behalten die meisten Hauskatzen ihren Jagdinstinkt, viele Katzen bringen ihren Jungen sogar lebende Beute, um ihnen das Jagen beizubringen.

Mit zwei Wochen beginnt für die Katzenbabys die Sozialisierungsphase, die nur bis zur 7. Woche anhält und

◄ *Bereits nach drei Wochen sind die Kätzchen imstande zu kommunizieren.*

das Verhalten der Katzen für den Rest ihres Lebens maßgeblich prägt. In dieser Zeit sollten sie mit möglichst vielen Menschen Kontakt haben, um festzustellen, dass Groß und Klein, Männer und Frauen nett und keineswegs bedrohlich sind (vgl. S. 24–25).

In diesem Stadium zeigen Katzen fast keine Angst – sie sind darauf programmiert, die Welt zu erforschen und lernen dabei das häusliche Leben in seiner ganzen Vielfalt kennen. Es ist wichtig, dass sie jetzt möglichst vielen

▲ *Um die Abnabelung zu beschleunigen, verbringt die Katzenmutter immer weniger Zeit mit den Jungen.*

Reizen ausgesetzt werden (vgl. S. 26 bis 27). Katzen, die in einer sterilen, wenig inspirierenden Umgebung gehalten werden, reagieren auf den Reizmangel später mit Verhaltensstörungen. Bedauerlicherweise kann nach dieser 7-Wochen-Frist kaum noch etwas getan werden, um dieses Defizit auszugleichen.

◻ LERNEN EINE KATZE ZU SEIN

4. bis 7. Woche

Mit etwa fünf Wochen können die Kätzchen mühelos laufen und balancieren. Klettern bereitet ihnen höchsten Genuss – vor allem an Vorhängen oder Möbeln. Ihre motorischen Fähigkeiten sind allerdings noch nicht ganz ausgereift und gelegentliche Stürze daher nicht ungewöhnlich.

Sie sind jetzt schon recht selbständig, können feste Nahrung zu sich nehmen, eigenständig Urin und Kot absetzen und sich selbst und ihre Wurfgeschwister ordentlich putzen.

Soziale Spiele werden allmählich zu einem Konkurrenzverhalten: Die Kleinen müssen lernen, sich im Spiel zu mäßigen, damit sie als erwachsene Katzen nicht missverstanden werden. Direktangriffe unter den Geschwistern werden seltener, da die scharfen Zähne

◀ *Im Spiel lernen Katzenbabys soziale Regeln und die »Katzensprache«.*

und Krallen zu Verletzungen führen können. Solche Attacken werden jetzt in der Regel durch Aufbäumen oder blitzschnelles Davonlaufen abgewehrt. Das Spielen mit Gegenständen wird intensiver, und in Vorbereitung auf den Beutefang wird fleißig Sichanschleichen und Packen geübt.

Ab der 5. Woche sehen die Kleinen schon aus wie richtige Katzen. In der Kommunikation untereinander und mit Menschen beherrschen sie eine lebhafte Mimik und Körpersprache. Ihre Reaktionen auf Menschen und andere Tiere, zum Beispiel Hunde, werden konsequenter, da sie ihr Verhalten im Kontakt mit ihnen trainieren können und sie als Familienmitglied betrachten.

◀ *In diesem Alter kann sich das Kätzchen schon gegen zu viel menschliche Zuneigung zur Wehr setzen.*

Rasse- und zuchtspezifische Faktoren

Es heißt, dass sich Katzenkinder je nach Rasse und Zucht in ihrer Entwicklung unterscheiden, wobei Orientalisch-Kurzhaar- und Burma-Katzen als frühreif gelten. Doch die körperliche Entwicklung hängt auch von Umgebung und Aufzucht ab.

Untersuchungen haben gezeigt, dass Kätzchen, die während der ersten Wochen täglich liebevoll umsorgt und gestreichelt werden, in ihrer körperlichen und sozialen Entwicklung weiter sind als Katzen ohne solche Zuwendung und auch später eine stärkere Bindung an Menschen haben. Sie öffnen außerdem eher die Augen und sind früher aktiv.

Da die meisten Katzen mindestens bis zur 8. Woche beim Züchter bleiben, trägt dieser die volle Verantwortung für die Sozialisation und Prägung in der kritischen Phase. Deshalb ist es so wichtig, den richtigen Züchter zu finden.

Mit sieben Wochen sind Kätzchen meist selbständig genug, um gut ohne Mutter, mit acht Wochen auch ohne die Wurfgeschwister auszukommen. Rassekatzen bleiben meist bis zur 12. Woche bei der Mutter, können also ihre sozialen Spiele länger fortsetzen. Doch auch sie brauchen täglich »Familienanschluss«, um sich später gut in ihr neues Heim einzugewöhnen.

□ LERNEN EINE KATZE ZU SEIN

7. bis 12. Woche

Die meisten Katzenkinder verlassen den Wurf mit acht bis zehn Wochen. Manchmal kann der Katzenhalter sich nicht von ihnen trennen und behält den ganzen Wurf. Ob das richtig oder falsch ist, hängt von verschiedenen Faktoren ab.

In »freier Wildbahn« zerstreut sich ein Wurf in der Regel. Es gibt kaum natürliche Lebensräume mit ausreichend Beute und Rückzugsmöglichkeiten für alle Tiere eines Wurfs. Im häuslichen Umfeld sind genügend Futter, Schlafplätze, Spielzeug und

◄ Kontaktaufnahme: Kätzchen sind extrem neugierig.

▲ *Ein neues Zuhause bietet Entwicklungsmöglichkeiten für Körper und Verhalten.*

menschliche Zuwendung dagegen kein Problem – auch nicht für eine ganze Katzenfamilie … Wie harmonisch sich das Zusammenleben gestaltet, hängt dann von den Persönlichkeiten der einzelnen Katzen ab.

Der Abschied von Mutter und Geschwistern ist also für die meisten Kätzchen ganz normal und keineswegs schmerzlich. Katzenkinder gewöhnen sich in der Regel schnell an die neue Umgebung und blühen nach anfänglicher Scheu, da ihnen die menschliche Zuneigung nun ganz allein zuteil wird, regelrecht auf.

Nach der Ankunft im neuen Zuhause stecken die meisten Kätzchen erst einmal ihr Revier ab. Gewöhnlich reiben sie ihre Wange an Möbeln, Wänden oder auch Menschen. Manche sind auch etwas irritiert und zeigen ein stärkeres Markierungsverhalten, indem sie an Gegenständen kratzen oder Urin oder Kot absetzen, was aber eher selten ist (vgl. S. 104–105).

Erst nach allen nötigen Impfungen darf das Kätzchen nach draußen. Bis dahin bleibt die Wohnung sein Lebensraum. In dieser Eingewöhnungsphase kennt sein Forscherdrang kaum Grenzen: Es öffnet Türen und Schränke und erkundet selbst große Einkaufs- und Sporttaschen begeistert. Diese erste Zeit ist zwar mitunter hart, es ist aber auch faszinierend, eine Katze bei der Erkundung des Terrains und dem Unfug, den sie dabei treibt, zu beobachten.

Jagdinstinkte schärfen

Rein körperlich verfügen Katzenkinder jetzt über alle Fähigkeiten einer erwachsenen Katze, wenn auch nicht in deren Perfektion. Besonders Sichanschleichen und Packen werden nun kräftig geübt, und sie lernen, Geschwindigkeit und Entfernungen richtig einzuschätzen, um später erfolgreich jagen zu können. Beim Lauern auf Beute nehmen Kätzchen oft eine merkwürdige Haltung ein: Bei geducktem Oberkörper treten die Hinterpfoten abwechselnd auf der Stelle. Der Grund hierfür ist nicht ganz klar, obwohl diese Haltung die Koordination zu unterstützen scheint. Eventuell hilft sie auch beim richtigen Einschätzen der Entfernung zur Beute.

In der ausklingenden kritischen Phase müssen Sozialisation und Eingewöhnung unbedingt weitergehen. Der Lernprozess ist noch nicht abgeschlossen: Katzenkinder lernen, auf Reize zu reagieren, deshalb sollten sich jetzt möglichst viele Besucher in der Kinderstube blicken lassen. Das Kätzchen muss in seinem neuen Zuhause den Alltag und die Gewohnheiten der Familie kennen lernen. Wir Menschen müssen ihm höchst sonderbar vorkommen: Wir duschen, niesen, lachen und sprechen in klingelnde Plastikgeräte. Kätzchen, die ihre Umgebung vorsichtig und neugierig erkundet und dabei Vertrauen gefasst haben, werden mit derlei menschlichen Aktivitäten keine Probleme haben; bei anderen wird die Eingewöhnung etwas länger dauern.

LERNEN EINE KATZE ZU SEIN

3. bis 6. Monat

Die Zeit vom dritten bis zum 6. Monat ist ein weiterer Meilenstein in der Entwicklung der Katze. In diesem Abschnitt entwickelt sie ihre Unabhängigkeit. In der freien Wildnis trennen sich nun die Wege der Wurfgeschwister: Jedes muss sein eigenes Revier, seinen Unterschlupf und schließlich einen Partner finden. In der häuslichen Umgebung äußerst sich das in dem Bedürfnis der Katze nach vermehrten Ausflügen. In dieser Zeit beginnt das Markieren des Reviers durch Kratzen und Absetzen von Urin oder Kot. Es kann auch zu Rivalitäten zwischen Nachbarkatzen oder Katzen innerhalb des Hauses kommen.

Der Zahnwechsel ist mit dem 6. Monat fast abgeschlossen, jetzt gibt es feste Nahrung. Gleichzeitig nimmt die Produktion des Enzyms, das die Verdaulichkeit der Milch fördert, rapide ab, und Milch wird zunehmend schlechter vertragen.

Die Geschlechtsreife ist mit sechs Monaten meist noch nicht erreicht, doch allmählich wird das vomeronasale, auch Jacobsonsches Organ, aktiv. Es sitzt am oberen Gaumen direkt hinter den Schneidezähnen und besteht aus zwei mit Flüssigkeit gefüllten Säckchen. Kanäle, in denen Duftpartikel weitergeleitet werden, verbinden sie mit der Nasenhöhle. So können Katzen gleichzeitig riechen und schmecken und »Duftnachrichten« genauestens identifizieren.

Schmecken und Flehmen

Das Jacobsonsche Organ erwacht mit der Sexualität. Kater nehmen über dieses Organ oft den Geruch des Katzen-Urins oder der Duftdrüsensekrete auf. Dieses Riech-Schmecken verleiht

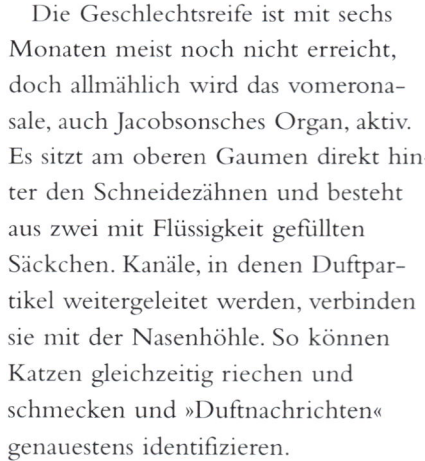

◀ *Katzen schärfen ihren Jagdinstinkt in der Jugend.*

▲ *Duft und die damit verbundenen Kommunikationssignale haben in der Welt der Katzen eine wichtige Bedeutung.*

Katzen einen tranceartigen Blick, wobei sie genüsslich den Kopf heben, die Oberlippe zurückziehen und den Mund ein wenig öffnen. Manchmal kommt es zu Zähneklappern und Speichelfluss. Diese typische Ausdrucksbewegung wird als Flehmen bezeichnet und gilt als wichtiger Gradmesser für die sexuelle Bereitschaft beim anderen Geschlecht, wird aber auch beim Erspähen von Beute beobachtet.

Während dieser Lebensphase der »Pubertät« testen die Jungtiere die Reaktionen ihrer Besitzer. Viele Kätzchen versuchen herauszufinden, was passiert, wenn sie ihre Nahrung verweigern. Hier begeben sich viele Katzenbesitzer in lebenslange Sklaverei, da gewiefte Katzen fast täglich anderes Futter einfordern.

In diesem Alter bedienen sich Katzen unterschiedlicher Kommunikationsmittel. Die Entdeckung, dass Menschen auf Lautäußerungen reagieren, lässt sie oft eine erstaunliche Bandbreite an Rufen und Miauen lernen, damit ihre Besitzer verstehen, was sie wollen. Leider sind manche Katzen darin so geübt, dass etwa klägliches Maunzen um 3 Uhr morgens zur Gewohnheit wird.

Jungkatzen müssen ihre Grenzen kennen, sonst werden sie zu anstrengend. Strafe ist jedoch kein geeignetes Erziehungsmittel. Erst wenn der Katzenhalter begreift, warum seine Katze so und so handelt, ist der erste Schritt zur Konfliktlösung getan.

◻ LERNEN EINE KATZE ZU SEIN

6. bis 12. Monat

Die körperliche Entwicklung der Katze ist jetzt abgeschlossen. Die Geschlechtsreife tritt meist mit etwa sechs Monaten ein. Eine Kastration, wenn geplant, muss also vorher erfolgen.

▼ *Wachsam und zum Angriff bereit: der kleine Tiger als Raubtier.*

Die Jungkatze verhält sich nun ganz so wie ihre Vorfahren und beherrscht Laufen, Klettern, Anschleichen, Auflauern und Zupacken perfekt. Falls sie Gelegenheit dazu hat, bringt sie auch hin und wieder »Geschenke« in Form von erlegter Beute an.

Das Jagdverhalten einer Katze hängt von diversen Faktoren ab. Unter anderem ist das frühe Lernen von der Mutter wichtig: Kätzchen, die ihr das Jagen abgucken können, haben beste Voraussetzungen.

Der neue Lebensraum ist jedoch ebenfalls von Bedeutung. In der Stadt leben andere Beutetiere als auf dem Land, vor allem Vögel und Ratten, die jedoch schwerer zu fangen und weni-

▶ *Die Kletterkünste der Katze sind wichtig fürs Jagen.*

ger lohnend sind als andere Tiere. Gerade Ratten gelten als ziemlich unappetitlich und werden selten gefressen. In ländlichen Gebieten überwiegen Mäuse und andere Kleinnager, wenngleich manche Katzen hier auch größere Tiere, besonders Kaninchen, erfolgreich jagen.

Wie oft und wie weit eine Stadtkatze Jagen geht, hängt von der Populationsdichte der Katzen ab. Der Aktionsradius eines kastrierten Katers beträgt bis zu einem Kilometer und mehr. Aber es gibt auch Gefahren. Der Straßenverkehr und die Gebiete von Artgenossen überzeugen so manche Katze davon, dass es vor dem warmen Kamin sicherer ist als auf der Jagd.

Schmusekatzen und stille Beobachter

Erwachsene Katzen sind für gewöhnlich exzellente Beobachter. Nach wenigen Tagen kennen sie Abläufe und Gewohnheiten – die Zeiten für Schule, Arbeit und Zubettgehen werden von ihnen genauestens registriert und der eigenen inneren Uhr angepasst – und profitieren davon. Meist werden Katzen zu bestimmten Zeiten gefüttert, und auch Fellpflege, Spielen und Schmusen sind mehr oder weniger festgelegt.

Katzen sind von Natur aus in der Dämmerung am aktivsten. Das entspricht dem Alltag der meisten Menschen, die morgens aus dem Haus gehen und gegen Abend zurückkehren. Am Tag schlafen Katzen für gewöhnlich und ruhen sich aus, oft bis zu sechs Stunden am Stück. Das heißt aber nicht, dass sie Gesellschaft oder Sozialkontakte nicht brauchen oder mögen.

Im Erwachsenenalter ist ihre Persönlichkeit ausgereift, und die meisten Hauskatzen lassen sich in zwei Typen unterteilen: in Schmusekatzen und stille Beobachter. Schmusekatzen wollen ständig gestreichelt und geknuddelt werden. Sie springen einem auf den Schoß, sobald man sich hinsetzt, lassen sich ungern vertreiben und hängen an einem wie eine Klette. Sie sind in der Regel anschmiegsam und fordernd: Sie suchen den Körperkontakt und tun alles dafür.

Stille Beobachter sind auch anhänglich und zärtlich, lassen sich aber nicht gern in ihrer Freiheit einschränken. Solche Katzen setzen sich nicht auf den Schoß, lieber hocken sie in einiger Entfernung auf der Couch und sehen fern. Schon die kleinste Unruhe oder ein Schritt in ihre Richtung reicht, um sie zu verscheuchen. Diese Katzen sind meist Individualisten, die zwar gern Menschen um sich haben, sie aber lieber beobachten als Interaktion zu betreiben.

Lohnend sind beide Charaktere – jeder auf seine Art, und man sollte lernen, die Persönlichkeit seiner Katze zu schätzen und damit umzugehen.

LERNEN EINE KATZE ZU SEIN

Die Sozialisierungsphase

Katzen sind faszinierend. Als Nachfahren und nahe Verwandte der Wildkatzen, die noch heute weite Teile der Erde bevölkern, leitet sie ihr Instinkt, in der Hauskatze kommt neben dem Raubtierhaften aber auch das Domestizierte zum Vorschein, das sie zum sanften Partner des Menschen macht. Diese beiden Seiten sind der Katze angeboren und anerzogen.

Die Erbinformationen werden von den Katzeneltern an die Jungen weitergegeben. Das garantiert die Entwicklung körperlicher Fähigkeiten wie Klettern, Sichanschleichen, Lauern und auch Töten kleiner Beutetiere. Andererseits fördern Lernprozesse und insbesondere eine frühe Sozialisation den Aufbau sozialer Beziehungen zu Menschen, Artgenossen und anderen, mit im Haushalt lebenden Tieren. Die Einordnung der Individuen in die Gruppe und die Interaktion mit der eigenen und mit anderen Rassen wird als Sozialisation bezeichnet, und Studien zufolge muss dieser Prozess in einem bestimmten Lebensabschnitt stattfinden.

Diese kritische oder sensible Phase der Katze liegt zwischen der 2. und 7. Lebenswoche. In dieser Zeit sollte sie möglichst viele Menschen kennen lernen. Enger Kontakt zu nur einer oder zwei Personen mindert zwar die Infektionsgefahr, erhöht aber das Risiko, dass die Katze scheu und ängstlich wird und Verhaltensstörungen entwickelt.

Für uns sehen die meisten Menschen annähernd gleich aus; auf ein Kätzchen

◀ *Die Haltung dieser Katze signalisiert, dass sie den Sozialkontakt mit »ihrem« Menschen genießt.*

▶ *Von verschiedenen Personen oft in den Arm genommen zu werden macht einen Großteil der Sozialisation aus.*

wirken sie dagegen unter bestimmten Umständen wie verschiedene Rassen. Unser Kätzchen hat sich zum Beispiel daran gewöhnt, dass ein bestimmter Mann es streichelt, doch trägt dieser plötzlich Hut oder Brille, sieht es in ihm einen Fremden.

Geräusche und Bewegungen

Jungkatzen müssen in der sensiblen Phase mit der Kommunikation der Menschen vertraut gemacht werden, die etwa beim Lachen die Zähne zeigen, gestikulieren, beim Sprechen seltsame Laute von sich geben oder Unvermutetes tun, etwa plötzlich niesen.

Im Alter von zwei bis sieben Wochen müssen Kätzchen auch lernen, dass Menschen verschieden riechen. Uns mag das kaum auffallen; unser Geruchssinn ist, verglichen mit dem von Katzen, sehr schwach, und wir schenken dem Riechen daher wenig Beachtung. Die Katze muss an Deodorant, Parfüm, Ausdünstungen aller Art, Putzmittel, Zigarettenrauch oder Schweißgeruch gewöhnt werden, damit sie sich später nicht vor diesen Gerüchen fürchtet.

Manche Kätzchen müssen auch den Umgang mit Artgenossen und anderen Tieren lernen. Katzen sind von Natur aus Einzelgänger und jagen meist auch alleine. Durch viel Spielen und Kommunizieren mit anderen Katzen kommen Kätzchen aber schon bald gut miteinander aus.

Wichtiger Bestandteil der Sozialisierungsphase ist das Erlernen von Körpersprache und Lautäußerungen, was bis zur 7. Woche abgeschlossen sein sollte. Das betrifft vor allem verwaiste und mit der Flasche aufgezogene Kätzchen, die die Katzen-Kommunikation nicht von der Mutter oder den Wurfgeschwistern lernen konnten. Haben Katzen in dieser Phase Kontakt zu einem »netten« Hund oder Pferd, werden diese zeitlebens als Familienmitglieder und nicht als Bedrohung angesehen.

□ LERNEN EINE KATZE ZU SEIN

Eingewöhnung

Haus- und Wildkatze leben grundlegend verschieden. Das Hauskätzchen muss, sogar relativ früh im Leben, lernen, mit allen optischen und akustischen Eindrücken des modernen Lebens, mit Gerüchen und Empfindungen zurechtzukommen, um später damit keine Probleme zu haben.

Knapp zwölf Wochen alte Katzen kennen scheinbar keine Angst und sind kontaktfreudig, neugierig und voller Tatendrang. In diesem Alter sollten sie alle Gegenstände, Geräusche und Aktivitäten im Haushalt gut kennen.

Gewisse Überwachungs- und Vorsichtsmaßnahmen sind zwar noch ratsam, aber man sollte die Kätzchen nicht zu arg behüten. Das Erkunden der nächsten Umgebung gehört schließlich zum Erwachsenwerden.

Sichtbares

Manches in unserer Umgebung muss Kätzchen höchst seltsam vorkommen, etwa die erste Begegnung mit einem Staubsauger oder der Anblick eines Menschen mit Hut. Kein Wunder, dass sie davor weglaufen. Es braucht seine Zeit, bis sie wissen, dass von alltäglichen Dingen, die uns selbstverständlich sind, keine Gefahr ausgeht.

Geräusche

Katzen haben ein extrem gutes Gehör und empfinden Geräusche als laut und aufdringlich, die uns sehr leise scheinen. Sie müssen daher lernen, dass der Lärm von Waschmaschinen, Schleudern, spielenden Kindern usw. ungefährlich ist und einfach zum Alltag gehört.

Gerüche

Man sollte Kätzchen mit dem Geruch möglichst vieler Menschen vertraut machen. Ihr Geruchssinn ist hervorragend, und sie erkennen sich untereinander und auch Menschen vor allem am Geruch und weniger am Anblick. Durch liebevollen Kontakt zu verschiedenen Menschen erfahren sie nicht nur, dass menschliche Berührungen angenehm sein können, sondern auch, dass jeder Mensch anders riecht.

Berührung

Kätzchen müssen lernen, dass Berührung etwas Angenehmes ist, vor dem sie sich nicht fürchten müssen. Bei tierärztlichen Untersuchungen und Behandlungen sowie bei der Pflege ist enger Körperkontakt unumgänglich, während Streicheleinheiten und Liebkosungen eher Ausdruck einer intensiven Beziehung sind. Auch wenn Ihr Stubentiger keine Schmusekatze

◀ *Eine behutsame, aber gründliche Untersuchung ist die beste Vorbereitung auf tierärztliche Behandlung.*

▲ *Diese anmutige Bengalkatze demonstriert ihre Kletterkünste.*

ist, sollte er doch keine Scheu vor Menschen zeigen.

Vertrauensaufbau
Der Wechsel ins neue Zuhause sollte rechtzeitig erfolgen. Die Sozialisierungsphase der Katze endet schon mit der 7. Woche, und nach der zwölften haben sich die meisten Verhaltensmuster eingeschliffen.

In der Eingewöhnungsphase sollten möglichst viele Leute zu Besuch kommen. Machen Sie Ihrer Katze diese Kontakte durch Leckerchen und Streicheleinheiten angenehm. Wichtig ist auch, dass sie sich in dieser Zeit an die übliche Geräuschkulisse und den normalen Alltag im Haus gewöhnt. Seien Sie nicht übervorsichtig, indem Sie das Kätzchen vor allem Neuen beschützen, und lassen Sie es die häusliche Umgebung erkunden. Beachten Sie Angstreaktionen einfach nicht, sondern loben und fördern Sie mutiges Verhalten durch Streicheleinheiten.

◻ LERNEN EINE KATZE ZU SEIN

Entwöhnung von der Muttermilch

Von der Geburt bis zur 3. Lebenswoche leben die Kätzchen nur von der Muttermilch. Die Mutter säugt ihre Jungen, wann immer sie Hunger haben. Das Nest verlässt sie nur, um zur Toilette zu gehen oder zu fressen. Doch irgendwann endet die Stillzeit, und das langsame Gewöhnen an feste Nahrung ist ein wichtiger Bestandteil der emotionalen Entwicklung der Kleinen.

Mit drei Wochen werden die Kätzchen mobiler und aktiver, und der Übergang vom hilflosen Wesen zum unabhängigen Raubtier und Jäger beginnt. In dieser Phase entfernt sich die Katzenmutter immer öfter vom Wurf und überlässt ihn sich selbst. Bei ihrer Rückkehr fallen die Kleinen dann regelrecht über sie her – jeder Schluck Muttermilch ist heiß umkämpft.

So viele hungrige Mäuler zu stopfen ist wahrlich kein Vergnügen. Irgendwann kann die Mutter ihre Jungen auch nicht mehr mit ihrer Milch ernähren, ohne selbst gesundheitlichen Schaden zu nehmen. Dann ist es an der Zeit, die Kleinen an feste Nahrung zu gewöhnen und auf die Jagd vorzubereiten. In der freien Wildbahn schleppt die Katzenmama nun vermehrt Beute an, entweder getötete oder nur betäubte Tiere. Sie legt sie ins Nest und versucht, die Jungen dafür zu interessieren.

Die Entwöhnung von der Muttermilch ist nicht nur für den Körper, sondern auch für Seele und Verhalten bedeutsam.

Umgang mit Frustration

Diese Übergangsphase ist für die Kleinen hart. Ihre einzige Nahrungsquelle war bisher die Mutter, und natürlich wollen sie weiterhin gesäugt werden, wenn sie hungrig sind. Um ihre Aufmerksamkeit stattdessen auf die Beute zu lenken, muss die Katzenmutter ihren Unwillen zum Stillen immer heftiger bekunden, damit die Kätzchen von ihr ablassen.

▶ *Katzen lernen das Jagen spielerisch.*

▼ *Es braucht Zeit und Geduld, um die Katzenkinder an feste Nahrung zu gewöhnen.*

Anfangs erhebt sie sich nur und verlässt das Nest. Die Jungen fallen dann zu Boden, ohne allzu frustriert zu sein. Jeder Versuch, die begehrte Muttermilch zu erreichen, wird auf dieselbe Weise quittiert: mit Abweisung. Das erste Mal müssen die Kleinen jetzt mit Frust fertig werden: Sie haben das Gewünschte vor Augen, bekommen es aber nicht.

Diese Frustration zwingt sie zu einer anderen Taktik. Sie müssen von der Beute Notiz nehmen, die die Mutter bringt, oder – in der häuslichen Umgebung – vom Futternapf, den ihnen der Mensch vorsetzt. An diesem Punkt lernen die Kätzchen, dass die Ankunft von Mutter oder menschlicher Ersatzmutter die Präsentation von fester Nahrung bedeutet, und sie versuchen nun immer seltener, Muttermilch zu erbetteln.

Das Abstillen ist für die Kätzchen die erste Lektion in »Konfliktlösung«. Sie werden in ihrem Leben viele Konflikte meistern müssen, deshalb ist es wichtig, dass sie es lernen. Ohne diese frühen Erfahrungen werden sie zu Katzen, die mit Enttäuschungen nicht klarkommen und ihren Willen daher mit Aggressivität durchsetzen wollen.

Dieses Verhalten ist leider recht häufig bei Katzen, die von Hand großgezogen wurden.

▶ *Das Abstillen beginnt, wenn sich die Katzenmutter zunehmend den säugenden Jungen entzieht.*

LERNEN EINE KATZE ZU SEIN

Soziale Kommunikation

Katzen leben von Natur aus nicht in sozialen Gruppen zusammen und jagen auch alleine. Dennoch kommunizieren sie miteinander.

Katzen-Kommunikation ist sehr differenziert, auch wenn sie sich grundlegend von der unterscheidet, die typisch soziale Tiere an den Tag legen.

Katzen verfügen nur über wenig mimischen Ausdruck, auch ihre Lautsprache ist recht beschränkt. Dafür benutzen sie Signale, die über weite Entfernungen »gelesen« und »verstanden« werden. Auch Körpersprache wird hin und wieder eingesetzt: Wer kennt nicht die typische Abwehrhaltung mit Buckel, aufgeplustertem Schwanz, Fauchen und Spucken. Die gewöhnliche Kommunikation findet dagegen auf einer viel subtileren Ebene statt.

▼ *Der Geruchssinn ist für Katzen lebenswichtig.*

Duft

Menschen leben in einer optisch und akustisch geprägten Welt, bei Katzen dreht sich alles um den Geruch. Mit ihrem Geruchssinn können sie Duftnachrichten über weite Distanzen exakt »lesen«.

Da Menschen relativ schlecht riechen können, schenken sie diesem Sinn nur wenig Beachtung. Katzen dagegen gebrauchen Duft als Kommunikationsmittel untereinander und reagieren darauf, und zwar vor allem deshalb, weil sie als Einzelgänger über große Distanzen hinweg kommunizieren.

Frei lebende Katzen treffen sich nur zur Paarung. Um die gegenseitige Aufmerksamkeit zu erregen, setzen Kätzin und Kater Duftmarken, quasi als geruchliche »Luftpost«-Nachrichten zur allgemeinen Information. Nach erfolgter Paarung trennen sich ihre Wege wieder, und die Duftnachrichten sollen nun eher eine erneute Begegnung im fremden Revier verhindern.

Die Duftmarken bestehen aus Wangendrüsensekret, Urin und Kot. Die Fäkalien werden bewusst unbedeckt liegen gelassen, so dass sie für jede andere Katze sofort sichtbar sind. Darüber hinaus kratzen Katzen gern an Bäumen oder Pfählen. Dieses Krallenschärfen dient der visuellen, aber auch der geruchlichen Markierung, und zwar durch die Absonderungen der Duftdrüsen zwischen den Zehen der Vorderpfoten.

Domestizierte Katzen haben zwar gelernt, andere Katzen in ihrem Revier zu tolerieren, setzen aber genauso Duftmarken wie ihre wilden Artgenossen. Kein Wunder also, dass die meisten Verhaltensstörungen bei Katzen darin bestehen, Urin und Kot im Haus abzusetzen. Dieser bewusste Versuch indirekter Kommunikation wird vom Menschen jedoch missverstanden und nicht toleriert.

Hauskatzen kennen im Wesentlichen vier Arten der Duftmarkierung.

▶ *Katzen verteilen ihren »Clan-Geruch« an die Familienmitglieder, indem sie sich an ihnen reiben.*

LERNEN EINE KATZE ZU SEIN

▼ *Zur Vermeidung körperlicher Konfrontationen ist es wichtig, dass Kätzchen die subtile Katzenmimik »lesen« lernen.*

Reiben

Die Wangendrüsen zwischen den Mundwinkeln und den Schläfen der Katze sondern fettige Sekrete, die Pheromone, ab, die eine Art »Fingerabdruck« sind: Ein Teil der chemischen Zusammensetzung ist bei allen Katzen gleich, ein anderer individuell.

Mit diesen Pheromonen stärken Katzen ihr Sicherheitsgefühl. Sie reiben sich an Menschen und anderen Tieren, bei denen sie sich wohl fühlen, und an Möbeln, um sie mit ihrem Geruch zu »parfümieren«. In Gemeinschaft lebende Katzen reiben sich aneinander und putzen und lecken sich, um sich zu markieren. Aus der Mischung der verschiedenen Duftnoten entsteht dann eine Art Gruppengeruch. Wenn wir als Katzenhalter von draußen kommen, riechen wir anders. Die Katze reibt dann ihren Kopf und Körper an uns, um den »Stallgeruch« wieder aufzufrischen.

Da die Drüsensekrete relativ schnell verfliegen, müssen Katzen ihren Geruch überall ein- oder zweimal täglich erneuern, um das Gefühl der Sicherheit aufrechtzuerhalten. Katzen, die sich in ihrer häuslichen Umgebung wohl fühlen, reiben sich regelmäßig und genüsslich an »ihren« Menschen oder Gegenständen, und dieses Verhalten sollten Sie fördern.

Kratzen

Auch Kratzen hinterlässt Spuren – nicht nur optische, sondern auch riechende, denn an der Unterseite der Vorderpfoten sitzen Duftdrüsen. Normalerweise dient das Kratzen dem Entfernen abgenutzter Krallenschichten, oder aber die Katze will Stärke demonstrieren und markiert dazu ihr Revier, oder sie reagiert Frust oder Ärger ab. Fast alle Katzen schärfen ihre Krallen am liebsten im Freien, in der Wohnung brauchen sie einen Kratzbaum. »Vergreifen« sie sich an Möbeln, kann Stress die Ursache sein.

Spritzen

Die meisten Katzen, ob männlich oder weiblich, kastriert oder nicht, verspritzen draußen zum Markieren Urin. Der verspritzte Harn enthält Informationen, zum Beispiel wer wann an der markierten Stelle war und in welcher Verfassung diese Katze war.

Zum Spritzen richtet die Katze ihr Hinterteil, meist mit steil aufgerichtetem, zitterndem Schwanz, gegen einen Baum, einen Pfosten oder eine ähnliche Stelle und gibt ihren Urin in einem Strahl möglichst hoch nach hinten ab. Manche Katzen treten dabei mit den Hinterpfoten auf der Stelle.

Da der Uringeruch mit der Zeit verfliegt, muss das Revier mindestens einmal pro Tag neu markiert werden. Katzen, die in der Wohnung spritzen, sind meist gestresst. Um die Verhaltensstörung zu beheben, muss man die Ursache für den Stress finden (vgl. S. 104).

Kot absetzen

Kot ist eine sehr augenfällige »Duftnachricht«, vor allem wenn er nicht zugescharrt wird. Katzen setzen ihren Kot an Reviergrenzen gern auf Plätzen ab, die sich von der Umgebung abheben. Er dient zum einen der Markierung und enthält zum anderen Informationen über die Katze.

Leider setzen manche Katzen auch in der Wohnung solche Geruchsmarken, häufig aus dem Bedürfnis nach mehr Sicherheit. Die Katze versucht so, ihren Geruch so gut wie möglich mit dem ihres Besitzers zu vermischen. Oft setzt sie ihren Kot dabei in dessen Bett oder Schuhen ab (vgl. S. 102).

▼ *Sowohl Kater als auch Katzen spritzen draußen, um ihr Revier zu markieren.*

◻ LERNEN EINE KATZE ZU SEIN

Kommunikation mit der Katze

Man muss seiner Katze nahe sein, um mit ihr zu kommunizieren; Menschen verständigen sich eben nicht über Duftmarken. Daher ist es wichtig, »Kätzisch« zu lernen, um Mimik und Körpersprache der Katze deuten zu können.

▶ *Von Angesicht zu Angesicht – Sozialkontakt ist lernbar.*

Augen

Die Augen einer Katze sprechen Bände. Zusammengekniffene oder weit aufgerissene Augen, verengte oder geweitete Pupillen sagen etwas über die Stimmung des Tieres: Fast geschlossene oder schwere Lider deuten auf Entspannung hin. Eine zufriedene Katze blinzelt oft träge und wendet den Kopf von der Person ab, mit der sie kommuniziert. Wenn Sie das kopieren, werden Sie feststellen, dass Sie sich richtig mit Ihrem Tier »unterhalten« können.

Bei ängstlichen Katzen sind Pupillen und Augen groß und rund. Aufgerissene Augen können Aggressivität oder Ärger verraten, die Pupillen, deren Größe sich natürlich auch mit dem Lichteinfall ändert, sind dann nur ein schmaler Schlitz.

Ohren

Die erstaunliche Beweglichkeit der Ohren dient zum einen dem Lokalisieren von Geräuschen, zum anderen drücken Katzen damit ihre Befindlichkeit aus. Durch das Zusammenspiel von bis zu dreißig Muskeln können sie ihre

▲ *Viele Katzen lernen, engen Körperkontakt mit ihrem Besitzer zu genießen.*

Ohren seitlich anlegen, interessiert aufrichten, um 180° drehen und sie unabhängig voneinander bewegen.

Bei einer ruhigen, entspannten Katze zeigen die Ohren leicht auswärts gebogen nach vorn, bei einer aufmerksamen zeigen sie gespitzt und direkt vorwärts. Ängstliche Katzen legen die Ohren an, um kleiner zu erscheinen, aggressive Katzen drehen die Ohren so, dass das Innere seitwärts und die Rückseiten nach vorne zeigen.

Schwanz

Läuft eine Katze mit hoch aufgerichtetem Schwanz auf ihren Besitzer zu, zeugt das von perfekter Kommunikation. Die Schwanzspitze ist dabei oft nach innen gebogen, was dazu auffordert, die unter dem Schwanz sitzenden Duftdrüsen zu erkunden.

Bei Entspannung lässt die Katze den Schwanz meist hängen, bei Angst, Aufregung, Aktivität oder Ärger dominiert das Schwanzwedeln, und bei Spannung und Erregung peitscht der Schwanz ruckartig hin und her.

Jungkatzen, die gern spielen, tragen bei ihren verrückten Verfolgungen den Schwanz meist in umgekehrter U-Form, was für Spaß steht.

Reiben

Katzen kommunizieren mit Duft (vgl. S. 30). Reiben sie sich an etwas, kann das bedeuten, dass sie Futter oder Aufmerksamkeit fordern oder aber alle Familienmitglieder mit ihrem Geruch versehen wollen. Zufriedene Katzen reiben sich oft so am Menschen, was für eine gute Kommunikation zwischen Mensch und Tier spricht.

Schnurren und Miauen

Fast alle Katzen schnurren, wenn sie sich wohl fühlen. Wie dieses Geräusch genau erzeugt wird, ist nicht ganz klar, aber Katzen schnurren schon in ihren ersten Wochen, um ihr Wohlbehagen auszudrücken, besonders beim Trinken. In seinem neuen Zuhause übernehmen wir Menschen für das Kätzchen die Mutterrolle, und vielleicht behalten die erwachsenen Katzen aus diesem Grund das Schnurren bei.

Schnurren ist jedoch nicht immer ein Ausdruck von Zufriedenheit. Manche Katzen schnurren auch, wenn sie starke Schmerzen haben oder nach einer Operation tierärztlich versorgt werden. Dann signalisiert das Schnurren Unterwerfung bzw. Beschwichtigung.

Manche Katzen miauen mehr als andere, was zum einen rassebedingt – Siamesen gelten als am »gesprächigsten« –, zum anderen lernbedingt ist. Viele Katzen lernen zum Beispiel, dass ihr Miauen beantwortet wird, indem ihr Besitzer sie ruft oder füttert. Das Wiederholen dieses Verhaltens zeigt, wie gut Katzen uns Menschen erziehen können.

Katze und Mensch

Welche Katze passt zu mir?

Vor der Anschaffung eines Haustiers sollten Sie die zeitlichen, räumlichen und finanziellen Aspekte eingehend abwägen. Katzen sind davon nicht ausgenommen. Sie gelten zwar als sehr unabhängig, aber dennoch haben sie ihre Bedürfnisse: Sie brauchen Nahrung, Pflege, tierärztliche Versorgung, Erziehung und Gesellschaft. Die Tierheime sind voll von Katzen, die niemand mehr haben will, obwohl die meisten von ihnen als Katzenkinder einmal heiß geliebt wurden. Tausende von Katzen streunen herum, ohne je in den Genuss von einem behaglichen Heim gekommen zu sein.

Bevor man sich auf eine Beziehung einlässt, die 15–20 Jahre dauern kann, sollte man sich über Bedürfnisse und Ansprüche einer Katze im Klaren sein. Vor allem Kinder zeigen lebhaftes Interesse an kleinen, niedlichen Tieren. Aber auch wenn die Katze größer wird und der Reiz des Neuen nachlässt, muss das Katzenklo weiter gesäubert werden, und das Futter kostet weiter Geld.

Wer eine Katze anschaffen möchte, sollte sich auch über die örtlichen Gegebenheiten Gedanken machen. So lange sie nicht geimpft sind, müssen Katzenkinder im Haus bleiben. Aber wie sicher ist die nächste Umgebung, wenn sie dann endlich nach draußen dürfen? Jährlich kommen Abertausende umherstreunender Katzen im Straßenverkehr um.

Wer an einer stark befahrenen Straße wohnt oder aus anderen Gründen um seine Katze fürchtet, muss sein Grundstück einzäunen oder das Tier ständig in der Wohnung halten. Beides hat Folgen: für den Katzenhalter in Bezug auf Zeit und Geld, für die Katze in Bezug auf ihr zukünftiges Wohlergehen und ihr Verhalten.

Die Verpflichtung eingehen

Traurigerweise werden vielen Katzen etwa Betäubungsmittel verabreicht oder die Tiere gar eingeschläfert, nur weil sie sich wie Katzen verhalten. Das Halten einer Katze in der Wohnung unterbindet nicht ihren Jagdtrieb und die damit zusammenhängenden Aktivitäten wie Klettern, Sichanschleichen und Packen. Für all das braucht die Katze daher ein Ventil, sonst entstehen

◂ Katzen werden von Instinkten geleitet.

▲ *Wohnungskatzen brauchen Anregung, damit keine Verhaltensstörungen auftreten.*

Probleme. Man muss sich also überlegen, ob man wirklich bereit ist, Zeit, Geld und Mühe zu investieren, damit die Katze zufrieden ist.

Menschen profitieren in vielerlei Hinsicht von einer Katze. Untersuchungen haben ergeben, dass das Streicheln einer Katze Blutdruck und Herzfrequenz senken kann. Wer Haustiere hält und sie gut behandelt, leidet seltener an Erkältungen, Viruserkrankungen und Kopfschmerzen. Zudem fördern Tiere die Kommunikation und Interaktion in der Familie: Man spricht miteinander und kümmert sich gemeinsam um ein Individuum, das Pflege und Zuwendung benötigt.

Weil die Katze uns Menschen also Gutes tut, müssen auch wir sie gut behandeln. Wer das Gefühl hat, dass eine Katze eine Belastung darstellt, da ihre Haltung Arbeit, Zeit und finanziellen Aufwand erfordert, der sollte mit der Anschaffung warten. Ein Haustier kann zwar Positives im Leben verstärken, aber nicht Ihre Probleme lösen.

KATZE UND MENSCH

Rasse und Geschlecht

Rassekatzen
Reinrassige Kätzchen stammen von Eltern ein und derselben Rasse. So sind Größe, Aussehen und Verhaltensmerkmale für die erwachsene Katze mehr oder weniger vorhersagbar, ebenso einige andere Aspekte. Zum Beispiel leiden einige Rassen unter Erbkrankheiten oder Verhaltensproblemen, die von reinrassigen Eltern oft an die Sprösslinge weitergegeben werden. So neigen etwa einige Orientalen zur Lecksucht, und Perserkatzen haben öfter Probleme, stubenrein zu werden.

Mischlinge
Mischlinge stammen von Eltern verschiedener Rassen. Die Kätzchen aus einem solchen Wurf vereinen in sich zwar die Merkmale beider Elternteile sehr gut, sie ähneln in Aussehen oder Verhalten aber oft mehr dem einen als dem anderen Elternteil.

Rasselose Katzen
Rasselose Katzen machen etwa 90 Prozent der weltweiten Katzenpopulation aus. Es handelt sich hierbei um alle gewöhnlichen, nicht nach Regeln gezüchteten Katzen. Sie werden auch als Hauskatzen bezeichnet. Über ihre Herkunft ist nichts bekannt. Aussagen über das spätere Aussehen und den Charakter dieser Katzen lassen sich vorher kaum machen, nur ihre Größe stimmt meist mit der der Eltern überein.

▼ *Kleiner Kater (links) und kleine Kätzin*

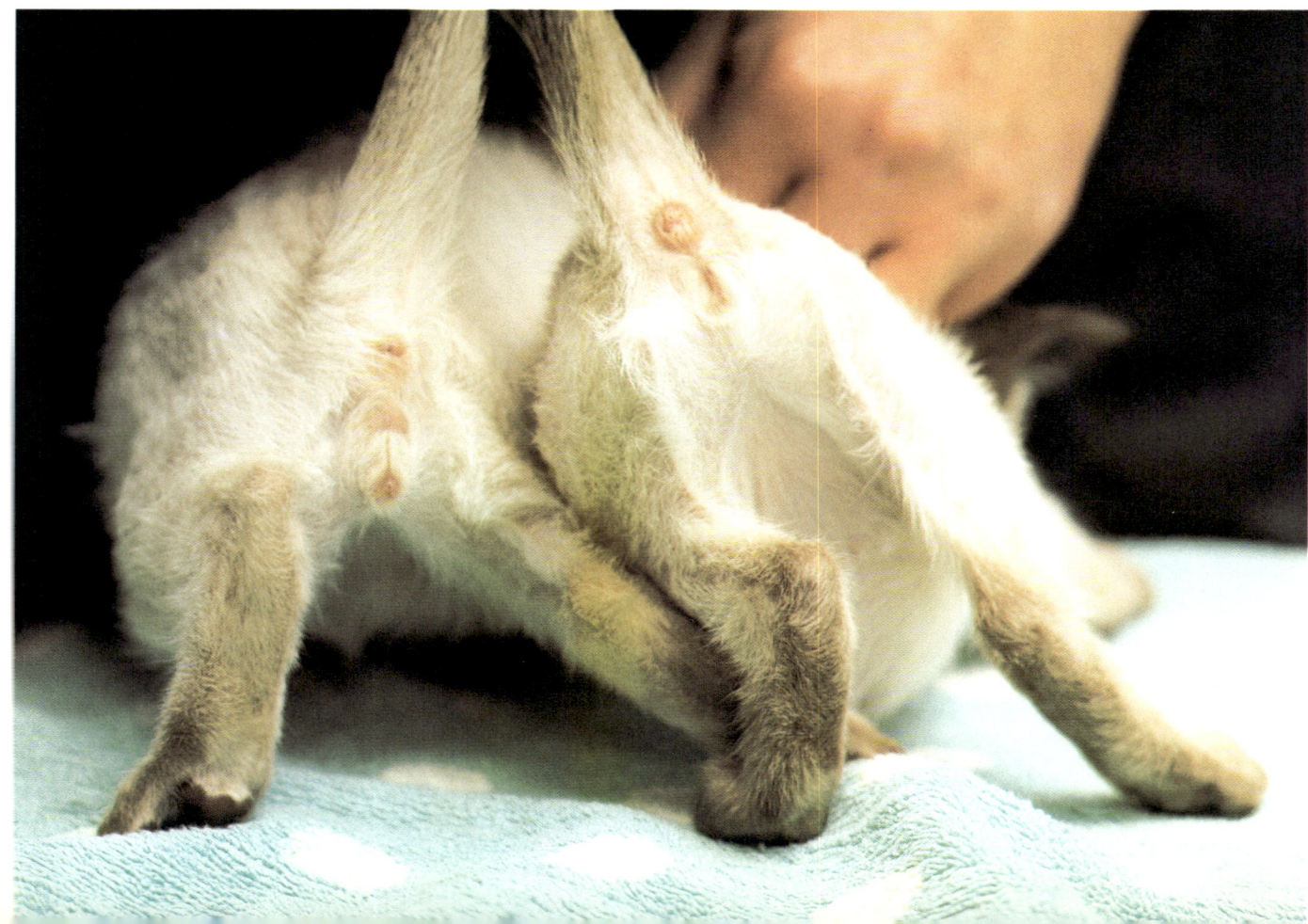

▲ *Diese Wurfgeschwister bleiben ihr Leben lang gute Freundinnen.*

Erbkrankheiten treten bei rasselosen Katzen insgesamt seltener auf als bei reinrassigen. Daher sind Hauskatzen in dieser Beziehung zwar robuster, von Infektionen und anderen Krankheiten bleiben aber auch sie nicht verschont.

Katze oder Kater?

Ob man einem Kater oder einer Katze den Vorzug gibt, ist jedem selbst überlassen. Es gibt Hinweise darauf, dass Kater ein stärkeres Konkurrenzverhalten zeigen und gegenüber anderen Katzen oder Katern oft aggressiver auftreten, doch legt sich das in der Regel nach der Kastration. Halter einer weiblichen Katze fürchten dagegen am meisten, dass sie trächtig wird und unerwünschten Nachwuchs bekommt. Auch dem kann durch Kastration des Tieres nach Eintritt der Geschlechtsreife abgeholfen werden.

Die Frage nach dem Geschlecht ist eigentlich nur von Bedeutung, wenn man für eine ältere, alteingesessene Katze einen Artgenossen sucht. In diesem Fall sollte man sich bei der neuen Katze für das andere Geschlecht entscheiden, weil bei einem solchen Pärchen die Chancen für ein gutes Zusammenleben am besten sind.

Die Geschlechtsbestimmung bei Katzen ist schwierig, und so mancher musste beim ersten Tierarztbesuch vernehmen, dass er sich geirrt hat. Der Penis eines Katers liegt sehr versteckt und ist nur an der kleinen runden Geschlechtsöffnung etwa 1 cm unterhalb des Afters zu erkennen. Die Geschlechtsöffnung der Katze ist ein senkrechter Schlitz kurz unter dem After. In Zweifelsfällen lassen Sie sich vom Tierarzt helfen.

KATZE UND MENSCH

Alter und Anzahl der Kätzchen

Das Alter des Tieres

Leider kann man sich beim Kauf reinrassiger Jungkatzen nur selten aussuchen, wie alt sie sein sollen. In vielen Ländern regeln Zuchtverbände (in Deutschland der 1. Deutsche Edelkatzenzüchterverband) die Verkaufsformalitäten, nach denen Rassetiere etwa nur geimpft, stubenrein und frühestens mit zwölf Wochen abgegeben werden dürfen.

Konnte das Kätzchen in dieser Zeit möglichst viele Erfahrungen, auch mit Menschen, sammeln, dürfte es im neuen Zuhause kaum Probleme geben. Allerdings hat es die sensible Phase, die mit der 7. Lebenswoche endet, dann schon hinter sich. Damit ist es bereits entscheidend geformt und seine Sozialisation abgeschlossen. Tiere aus einer reizarmen oder lieblosen Kinderstube werden später oft zu Problemkatzen.

Hauskatzen können schon mit acht Wochen von Mutter und Geschwistern getrennt werden, und dieser Zeitpunkt ist ideal, um sie ins neue Zuhause zu holen. Für Auf- und Ausbau der Sozialkontakte ist dann der neue Besitzer zuständig, ebenso für die nötigen Impfungen.

Wie viele Kätzchen?

Obwohl Katzen keine ausgesprochenen Gruppentiere sind, haben sie nichts gegen Gesellschaft und genießen es, mit einem Artgenossen zu leben, vor allem wenn beide aus einem Wurf stammen. Geschwister können die besten Freunde werden, und das Zusammenleben ist eine echte Bereicherung für die Tiere wie für den Besitzer.

Eine einzelne Wohnungskatze braucht die ganze Familie für ihre sozialen Kontakte und gegen Langeweile und Einsamkeit. Es sollte sehr viel mit ihr gespielt werden, um die Beziehung zwischen ihr und den Familienmitgliedern zu stärken, vor allem wenn das Tier nervös oder scheu ist.

▶ *Für eine einzelne Katze ist der Familienanschluss besonders wichtig.*

◀ *Gleichaltrige Kätzchen vertragen sich gut, vor allem wenn sie aus einem Wurf stammen.*

Zwei Kätzchen haben sich natürlich gegenseitig zum Spielen, so dass der Besitzer weniger Zeit aufwenden muss. Darüber hinaus kann man dabei das Zusammenleben von Katzen hautnah studieren: Sport und Spiel, Körpersprache, gegenseitige Liebesbeweise.

Solche Katzen haben zueinander eine ebenso enge Bindung wie zu ihrem Besitzer und sind sehr aufeinander angewiesen, was schwierig werden kann, wenn eine Katze wegläuft oder stirbt. Für das zurückbleibende Tier ist das ein großer Verlust, und wissenschaftlichen Untersuchungen zufolge trauern Katzen dann ähnlich wie Menschen.

Wer ein Katzenpärchen möchte, entscheidet sich am besten für Wurfgeschwister. Kätzchen aus verschiedenen Würfen sollten etwa gleichaltrig sein, um einander zu akzeptieren.

Außerdem sollten beide frei von Infektionen und Parasiten sein, um sich nicht gegenseitig anzustecken.

Sind die Tiere erwachsen, ist die Konkurrenz unter Katern meist größer als unter Katzen. Ein männliches und ein weibliches Tier oder zwei weibliche sind für ein langfristiges Zusammenleben also am geeignetsten.

Wann kauft man eine Katze?

Die Natur hat es so eingerichtet, dass sich Katzen im Frühjahr und Sommer vermehren, wenn es in freier Wildbahn genügend Beute gibt, um eine Katzenfamilie zu ernähren. Hauskatzen scheinen diese Programmierung beibehalten zu haben und bringen ihre Jungen während dieser Zeit zur Welt. In der kälteren Jahreszeit dagegen gibt es kaum Katzennachwuchs.

KATZE UND MENSCH

Entscheidung für eine Katze mit Stammbaum

Im Gegensatz zu Hunden, die eine größere Vielfalt an Rassen aufweisen als die meisten anderen Tiere, bleiben Katzen ihrer Stammform mehr oder weniger treu. Menschliches Eingreifen hat ihren Körperbau im Laufe der Jahrhunderte nur wenig verändert, gravierende Unterschiede konnten nur in Bezug auf Farbe und Felllänge gezüchtet werden. Obwohl es Ausnahmen gibt, zum Beispiel darf die Form von Ohren oder Schwanz unterschiedlich sein, sind solche Züchtungen selten. Daher werden Katzenrassen in drei Hauptgruppen unterteilt: in Kurzhaar-, Halblanghaar- und Langhaarkatzen.

Kurzhaarkatzen

Hauskatzen haben zwar meist kurzes, fest anliegendes Fell, sie sind aber in der Regel keine Rassekatzen. Folgende Rassen dagegen sind echte Kurzhaarkatzen:

Siamkatzen

Siamesen, die wohl bekanntesten Kurzhaarkatzen, sind von Charakter wie Aussehen her gleichermaßen markant. Sie sind schlank, elegant und geschmeidig, und die langen Beine und der lange, dünne Schwanz unterstreichen die grazile Gestalt. Der Kopf ist schmal und keilförmig, fast dreieckig. Im Profil bildet das Gesicht von der Stirn bis zur Nase eine gerade Linie, die großen mandelförmigen Augen stehen leicht schräg. Siamkatzen

▼ *Seal-Point-Siamkätzchen*

▲ *Eine wunderschöne blaue Burma-Katze*

gibt es in etlichen Farbvarianten. Die gängigste ist Seal-Point, aber auch andere wie Chocolate-Point, Lilac-Point, Red-Point, Creme-Point, Tortie-Point oder Tabby-Point sind unter Züchtern anerkannt. Alle Siamkatzen haben blaue Augen: Mit etwa acht Wochen wird aus dem zunächst blasseren Ton das endgültige satte Blau.

In ihrem zarten Körper sind Siamesen starke Persönlichkeiten, die ihre Besitzer wie auch andere Haustiere tyrannisieren können. Sie sind sehr klug und lernen auch, an der Leine zu laufen. Diese temperamentvollen Tiere sind etwas für Menschen, die Unterhaltung lieben. Ihre sehr laute, durchdringende Stimme kann man nicht ignorieren, und sie stehen gerne im Mittelpunkt.

Burma-Katzen

Die Burma-Katze erfreut sich in den USA und in Europa inzwischen größ-

▶ *Eine Abessinier-Katze mit dem charakteristischen Fell*

ter Beliebtheit. Sie ist mittelgroß, hat einen eher rundlichen Kopf, weit auseinander stehende Ohren, und ihre großen Augen blicken interessiert in die Welt. Der Mund ist kürzer als bei der Siamkatze, das charakteristische Kinn ausgeprägt und der Kiefer kräftig. Das kurze, dichte Fell der Burma-Katze ist so glänzend, dass es fast wie poliert aussieht. Neben Braun und Blau-Creme schätzen Katzenfreunde heute die Fellfärbungen Lilac, Blau, Rot und Schokolade.

Burma-Katzen sind grazile, elegante Katzen mit viel Sinn für Humor. Ihr Verhalten ähnelt oft dem von Hunden. Mit ihrer Intelligenz und großen Bewegungs- und Spielfreude brauchen sie sehr viel Zuwendung, ohne die Verhaltensstörungen programmiert sind.

Abessinier

Das wohl Auffälligste an dieser löwenähnlichen Katze ist die typische Bänderung ihres Fells, das so genannte Ticking: Jedes einzelne Haar hat zwei oder drei verschiedenfarbige Bänder. Abessinier haben ein schmales, dreieckiges Gesicht, große, grüne, haselnussbraune oder gelbe Augen und einen schlanken Körper mit langem, elegantem Schwanz. Ihre ganze Erscheinung strahlt Stärke und Eleganz aus.

Abessinier gehen eine sehr enge Bindung zu ihrem Besitzer ein und sind überhaupt gesellig und freundlich und kommen gut mit Kindern und Hunden aus. Sie sind außerdem intelligent und lernen sogar das Apportieren.

Amerikanisch Kurzhaar / Britisch Kurzhaar

Die beliebte Amerikanisch Kurzhaar ist groß, kräftig und wiegt rund 6,5 kg. Sie hat einen großen, runden Kopf und große Augen und es gibt sie in allen Farbvariationen von reinem Schwarz über getupft bis zu Schildpatt. Ihre britische Verwandte, die Britisch Kurzhaar, hat einen kleineren Kopf. Diese etwas gedrungenen Katzen sind ideale Haustiere: kinderfreundlich und verschmust.

Korat

Diese eindrucksvolle Katze ist immer von einem märchenhaften Silberblau. Ihr Name deutet auf die thailändische Provinz, wo diese schöne Katze früher als kostbarer Glücksbringer galt, der nur verschenkt werden durfte.

Die zierlichen Korat mit dem typischen herzförmigen Kopf und großen, leuchtend grünen Augen werden als sanft, ruhig und intelligent beschrieben. Bei Fremden sind sie etwas scheu, und Kater gelten als wenig tolerant gegenüber anderen Katzen. Bei dieser Rasse sollte man mehr als bei den meisten anderen darauf achten, dass sie von einem seriösen Züchter stammen, der größten Wert auf gesundes Temperament und frühe Sozialisation legt.

Manx

Von dieser Rasse werden mehrere Arten unterschieden, in der Regel die gänz-

▲ *Eine Korat mit dem typischen herzförmigen Kopf*

lich schwanzlose Rumpy, die Rump-Riser mit bis zu drei verwachsenen Schwanzwirbeln, die stummelschwänzige Stumpy und die Tailed mit fast normalem Schwanz. Das Fehlen des Schwanzes ist eine durch Inzucht entstandene Missbildung und kann zu Gleichgewichtsstörungen und Wirbelsäulenschäden führen, die Nachkommen zweier gänzlich schwanzloser Tiere sterben häufig kurz nach der Geburt oder werden schon tot geboren. Die Manx-Zucht ist daher umstritten, in manchen Züchtervereinen sogar verboten.

Alle Farben sind bei dieser Rasse erlaubt. Manx gelten als ausgesprochen freundlich und als gute Jäger.

Halblanghaarkatzen
Birmakatzen

Birmakatzen sind echte Schönheiten: mittelgroß bis groß mit großem, rundlichem Kopf, kurzer Nase, langem Körper und kräftigen Beinen und

Pfoten. Ihr mittellanges Fell schimmert goldgelb. Die Abzeichen, auch »Points« (Augenmaske, Ohren, Beine und Schwanz), können dunkler sein. Die runden Augen haben ein klares, strahlendes Blau. Diese Katzen gelten als freundlich und anhänglich. Ihr Fell ist relativ pflegeleicht.

Balinesen

Balinesen sind den Siamesen sehr ähnlich, haben aber längeres Fell, das seidig und pflegeleicht ist: Da es keine Unterwolle hat, verfilzt es nicht. Sie haben einen schlanken, eleganten Körper und sind wegen ihres grazilen Gangs nach den balinesischen Tempeltänzerinnen benannt, die für ihre fließenden Bewegungen berühmt sind.

▲ Der aufmerksame Blick einer Ragdoll-Jungkatze

◀ Eine stattliche Maine Coon mit dem typischen buschigen Schwanz

Balinesen sind sehr lebhaft und temperamentvoll, aber nicht so laut wie ihre Verwandten, die Siamesen.

Maine Coon

Die Maine Coon (ursprünglich aus dem US-Bundesstaat Maine) ist in letzter Zeit in Mode gekommen – der Preis der Kätzchen zeigt das! Kater wiegen bis zu 8 kg oder sogar mehr, und beide Geschlechter dieser robusten Rasse sind sehr kräftig und haben dichtes, Wasser abweisendes Fell. Der Schwanz ist lang, dick und buschig, was vermutlich den Irrglauben gefestigt hat, diese Rasse sei das Ergebnis einer Paarung zwischen Katze und

KATZE UND MENSCH

Waschbär (engl. *coon*), daher auch der Name.

Die Maine Coon ist zutraulich, gesellig, lebhaft und braucht sehr viel Beschäftigung und Unterhaltung, sonst sucht sie sich diese selbst und entwickelt dumme Angewohnheiten.

Ragdoll

An dieser recht jungen Rasse ist das züchterische Eingreifen des Menschen deutlich sichtbar: großer, kräftiger Körper, abgeflachter Kopf, keilförmiges Gesicht und große, ovale, blaue Augen, die aufmerksam in die Welt blicken.

Das Besondere an dieser Katze sind jedoch ihre Persönlichkeit und ihr Verhalten. Sie ist sehr ruhig und fügsam und lässt beim Hochnehmen Kopf und Pfoten herunterhängen wie eine Stoffpuppe (engl. *ragdoll*). Wegen dieser Besonderheit wird die Ragdoll in der Regel als Wohnungskatze gehalten, weil man fürchtet, sie könne sich draußen nicht gegen Angreifer wehren.

Norwegische Waldkatze

Diese ursprünglich aus Norwegen stammende Katze hält sich gern im Freien auf. Sie hat dichtes, Wasser abweisendes Fell mit kräftiger Unterwolle zum Schutz vor Kälte.

Die kräftigen, muskulösen, aber auch intelligenten Tiere gelten als ausgezeichnete Jäger und Kletterkünstler, die Bäume und Felsen erklimmen. Sie sind aktiv und ungern immer eingesperrt, aber auch sehr verschmust.

Somali

Somali-Katzen sind eigentlich langhaarige Abessinier. Sie haben einen athletischen Körperbau, einen buschigen fuchsartigen Schwanz, und ihre Ohren sind innen stark behaart.

Sie gelten als freundlich und aufgeschlossen, sind aber keine reinen Wohnungskatzen, sondern müssen sich draußen austoben.

Türkisch Van

Diese Rasse ist nach ihrer Heimat, dem osttürkischen Gebiet um den Van-See, benannt und besitzt eine für Katzen höchst seltene Eigenart: Sie liebt Wasser, schwimmt und taucht gern. Einige Katzenhalter erzählen sogar, dass sie mit in die Badewanne steigt und aus dem Wasserhahn trinkt!

Das seidig weiche Fell der Türkisch Van ist schneeweiß, nur einige Flecken im Gesicht sowie der buschige Schwanz sind kastanienrot.

◀ *Die unverwechselbare Perserkatze*

Langhaarkatzen
Perser
Seit ihrer Einführung im späten 19. Jahrhundert ist diese Rasse mit ihrem flachen Kulleraugen-Gesicht und dem üppigen, weichen Fell die wohl beliebteste überhaupt. Perser haben einen stämmigen Körper mit kurzen Beinen und sind so im Vergleich zu anderen Rassen deutlich weniger bewegungsfreudig. Ihr Fell muss täglich gekämmt werden, damit es nicht verfilzt. Auch regelmäßige Augenpflege ist nötig, um Tränenflecken vorzubeugen.

Katzen mit andersartigem Fell
Rex-Katzen
Cornish Rex wie Devon Rex, bekannt wegen ihres welligen, dünnen Fells, haben große Augen und Ohren und einen peitschenartigen Schwanz; es gibt sie in den verschiedensten Farben. Ihre Urahnen waren Mutationen in sonst normalen Würfen, die dann weitergezüchtet wurden. Wegen ihrer besonderen Haarstruktur und da sie wenig haaren, eignen sich Rex-Katzen unter Umständen auch für Allergiker.

Verspielt, freundlich und »gesprächig« sind sie genau richtig für den, der das Besondere liebt.

▲ *Rex-Katzen wie diese Cornish Rex zeichnen sich durch ihr ungewöhnliches Fell aus.*

Sphynx
Die Sphynx oder Nacktkatze hat so gut wie keine Haare, sondern nur einen feinen Flaum. Durch diesen hindurch sind alle Muster, Farben und Falten der Haut sichtbar, die vor Hitze und Kälte geschützt werden muss. Da die Sphynx kaum Fett speichern kann, braucht sie mehr Futter als andere Rassen. Sie gilt als sanftmütig und freundlich.

◄ *Farbe und Musterung, die das Fell einer Sphynx hätte, zeichnen sich auf der Haut ab.*

KATZE UND MENSCH

Wie finde ich ein Kätzchen?

Früher kam man eher zufällig an eine Katze. Wenn die Nachbarkatze gerade Junge hatte, war der Besitzer mehr als dankbar, wenn er den Nachwuchs in gute Hände abgeben konnte. Heute, da immer mehr Katzen kastriert sind und viele herrenlose Tiere im Tierheim landen, sollte man sich gut überlegen, woher man seine Katze bekommt.

Vorsicht ist bei Tierhandlungen geboten. Dort gibt es zwar alles zu kaufen, was Kätzchen brauchen, aber es ist keine gute Umgebung für sie. Ihre Mutter bekommt man in der Regel nicht zu Gesicht. Da jedoch in den ersten 2–7 Wochen Verhalten und Persönlichkeit einer Katze für ihr ganzes Leben nachhaltig geprägt werden, sollte man ihre Herkunft und ihren Hintergrund unbedingt kennen.

Nicht selten werden die in Tierhandlungen angebotenen Kätzchen zu früh von Mutter und Wurfgeschwistern getrennt, was zu gestörter Kommunikationsfähigkeit mit Artgenossen und Problemen mit der Sauberkeit führen kann. Außerdem bergen Tierhandlungen auch unter noch so hygienischen Verhältnissen ein erhöhtes Risiko für Infektionen und Parasiten, weil dort viele Tiere auf engem Raum zusammen sind.

▼ *Ein häusliches Umfeld bietet jungen Katzen die besten Voraussetzungen für eine frühe Sozialisierung.*

▲ *Reinrassige Katzen sollten bei einem seriösen Züchter gekauft werden.*

Züchter

Wer sich für eine reinrassige Katze entscheidet, sollte sich am besten an einen seriösen Züchter wenden. Adressen bekommt man über die verschiedenen Katzenverbände wie den Verein Deutscher Katzenfreunde in Hamburg, Deutsche Edelkatze e. V. in Essen usw. Auch Tierärzte können Züchter der gewünschten Rasse vermitteln.

Man sollte sich immer selber vor Ort ein Bild davon machen, wie die Katzen gehalten werden. Findet man auch den Deckkater vor, umso besser, denn von ihm erben die Jungen in der Regel die Soziabilität (Geselligkeit; vgl. S. 55).

Manche Züchter bringen die Mutterkatze und ihre Jungen in ihrer Wohnung unter statt in einem Zwinger. In jedem Fall sollte der Platz sauber und ordentlich, aber auch anregend und nicht zu steril sein. Verantwortungsvolle Züchter finden einen Kompromiss zwischen Sauberkeit und gemütlichem Chaos.

Ein seriöser Züchter achtet sehr darauf, an wen er seine Kätzchen abgibt, und wird die Interessenten vieles zu ihrem Lebensstil, ihren Wohnverhältnissen und ihrem Wissen über Katzen fragen – und nicht, wie viel sie bezahlen möchten.

Nachbarn, Freunde und Bekannte

Eine gewöhnliche Hauskatze findet man immer noch am besten im Bekanntenkreis. Da die Kätzchen in der Familie aufgewachsen sind, kennen sie meist schon die Kinder, die häusliche Umgebung und alles, was damit zusammenhängt. Wenn die Katzen-

KATZE UND MENSCH

mutter zufrieden und ausgeglichen ist, werden es auch die Jungen sein.

Natürlich kommen viele dieser Katzenbabys zur Welt, ohne dass die Katzenhalter den Vater kennen. Man sollte jedoch bedenken, dass dessen genetischer Einfluss genauso groß ist wie der der Mutter und dass dieser Teil der Persönlichkeit einer Katze vielleicht erst später zutage tritt.

Tierschutzvereine

Immer mehr Menschen, die ein Haustier suchen, kommen in Tierschutzvereine und die angegliederten Tierheime. Da es dort inzwischen viele Katzen gibt, die dringend ein neues Zuhause benötigen, ist das eine sehr positive Entwicklung. Landet eine trächtige Katze im Tierheim, kann auch der Nachwuchs vermittelt werden.

Den Vermittlern ist sehr daran gelegen, die Tiere in gute Hände abzugeben. Man muss also eventuell mit einem Besuch zu Hause rechnen und viele Fragen beantworten. Vermutlich bekommt man auch die Auflage, das Tier kastrieren zu lassen und muss dafür ein Formular unterschreiben.

Katzen aus dem Tierheim werden meist angenehme Hausgenossen. Allerdings könnten Kätzchen, die nach der 7. oder 8. Lebenswoche im Tierheim abgegeben wurden, in der entscheidenden Phase der Prägung vernachlässigt worden sein. Das ist vor allem bei halb verwilderten oder streunenden Jungkatzen der Fall, die kaum oder nie Gelegenheit hatten, Kontakt zu Menschen aufzubauen. Wie viel Mühe und Zeit man auch aufwendet, um das Vertrauen solch armer Geschöpfe zu gewinnen, es gibt keine Garantie dafür, dass aus ihnen menschenfreundliche Katzen werden.

Zeitungsinserate

Auch in Tageszeitungen oder Zeitschriften werden immer wieder Jungkatzen zum Verkaufen oder auch Verschenken angeboten. Hinter den Anzeigen verbergen sich meist Privatpersonen, die für unerwarteten Katzennachwuchs ein neues Zuhause suchen. Hier sollten die gleichen Auswahlkriterien gelten wie für den Kauf bei einem Züchter.

▶ *Vorsicht bei Katzen vom Bauernhof: Sie könnten zu wenig Kontakt zu Menschen gehabt haben.*

Da bei der Unterbringung von vielen Katzen auf engem Raum ein erhöhtes Infektionsrisiko besteht, sollte man besser nicht kaufen, wenn junge Katzen aus mehr als einem Wurf gleichzeitig angeboten werden.

Internet

Ob Sie es glauben oder nicht: Man kann inzwischen auch über das Internet ein Kätzchen suchen, kaufen und per Kreditkarte bezahlen. Als Informationsquelle mag sich das Internet zwar bestens eignen, für den Kauf eines Tiers aber nicht unbedingt.

Sie sollten sich immer das Umfeld ansehen, in dem Ihre zukünftige Katze aufgewachsen ist, und auch die Katzenmutter kennen lernen. Wenn Ihnen das, was Sie vorfinden, nicht zusagt, suchen Sie besser weiter.

▶ *Diese verwahrlosten Kätzchen werden in einem Tierheim wieder aufgepäppelt.*

KATZE UND MENSCH

Woran erkenne ich ein gesundes Kätzchen?

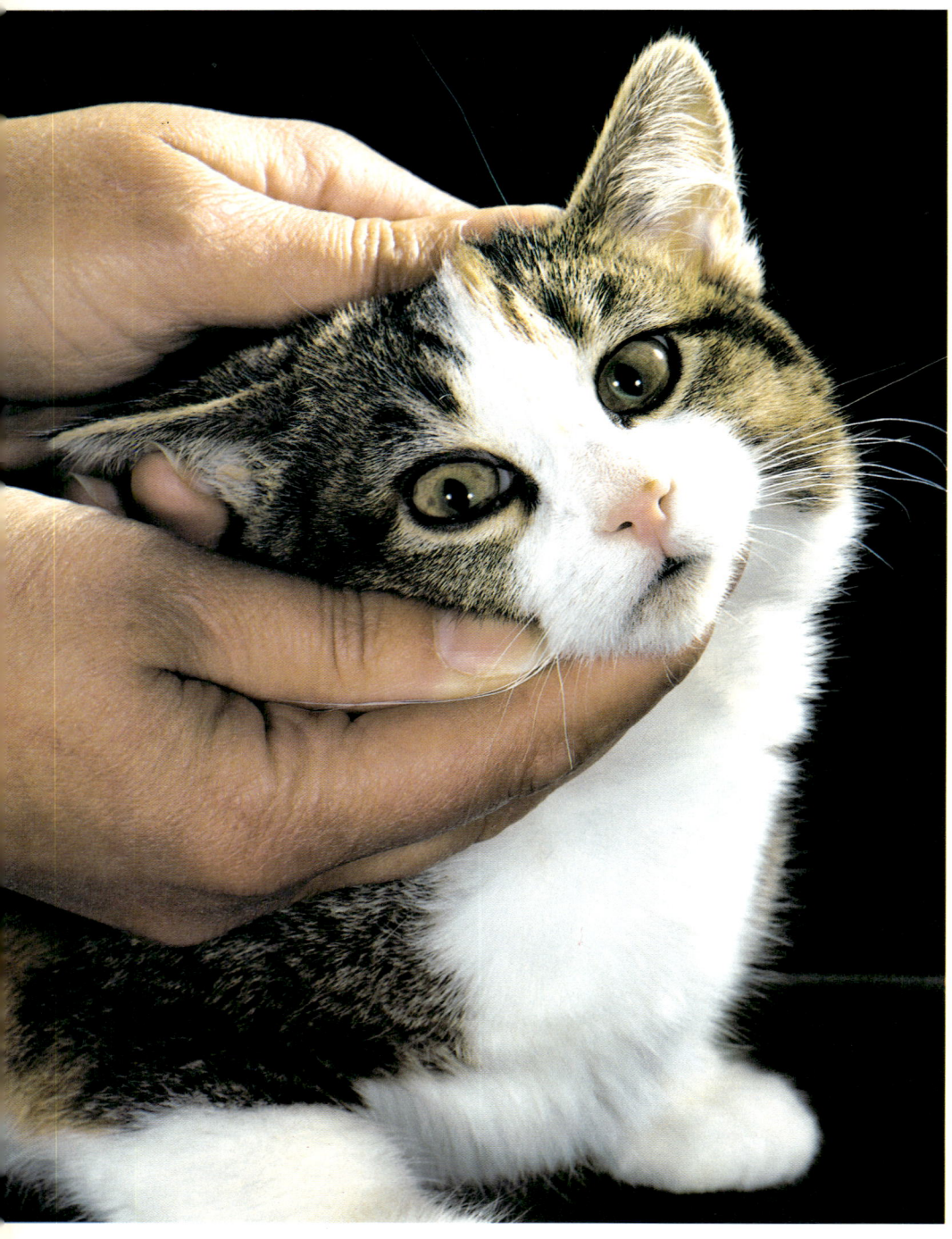

Kranke Kätzchen überleben nur selten. Auch ein still und lustlos wirkendes Tier könnte am nächsten Tag tot sein. Achten Sie also unbedingt darauf, eine gesunde Katze zu kaufen. Manches kann zwar nur ein Tierarzt erkennen, aber die folgenden Kontrollen können Sie selbst schnell und einfach durchführen. Seriöse Züchter werden nichts dagegen haben, dass ein potentieller Käufer ein Tier vorsichtig begutachtet.

Augen

Die Augen sollten klar und glänzend sein und dürfen keine Anzeichen von Tränen oder Rötung zeigen. Die Nickhaut darf nicht zu sehen sein. Sie schiebt sich vom Augenwinkel aus über das Auge und deutet auf gesundheitliche Probleme hin.

Bis vor einigen Jahren hatten Siamkatzen noch den typischen »Silberblick«. Achten Sie darauf, auch wenn dieser Defekt inzwischen nahezu ausgemerzt ist.

Ohren

Die Ohren sollten innen blassrosa und völlig sauber sein. Schwarzbraune, wächserne Absonderungen und/oder Juckreiz können auf Ohrmilben hindeuten, übler Geruch oder Absonderungen auf eine Entzündung. Beides muss tierärztlich behandelt werden.

◀ *Klare, glänzende Augen, saubere Ohren und glänzendes Fell zeigen, dass ein Kätzchen gut und artgerecht aufgezogen wurde.*

▲ *Prüfen Sie die Elastizität der Haut und untersuchen Sie das Fell auf Flöhe.*

Mund und Nase

Ein gesundes Kätzchen hat keinen Mundgeruch. Mund und Milchzähne müssen sauber und gesund aussehen.

Der Atem sollte ruhig und gleichmäßig gehen. Jedes Rasseln oder Pfeifen sowie weißlicher oder gelblicher Ausfluss aus der Nase ist verdächtig. Katzenschnupfen, der oft tödlich endet, ist unter Jungkatzen weit verbreitet. Skrupellose Züchter versuchen gern, diese ernsten Symptome als harmlose Erkältung darzustellen.

Fell und Haut

Das Fell sollte keinerlei Anzeichen von Parasitenbefall aufweisen. Kleine schwarze Punkte im Fell können Flohkot sein, der in der Regel leichter zu erkennen ist als die Flöhe selbst. Hält man das Kätzchen über ein weißes, feuchtes Blatt Papier und fährt mit den Fingern gegen den Strich durch das Fell, rieselt bei Flohbefall der Kot auf das Papier und färbt sich dunkelrot.

Gesunde Haut ist elastisch und lässt sich leicht hin und her »schieben«. Sie sollte zurückrutschen, wenn man sie im Nackenbereich behutsam anhebt.

Gliedmaßen und Schwanz

Gliedmaßen und Schwanz müssen gerade sein, nicht krumm oder geknickt. Der Schwanz sollte bei der Begrüßung steil und gerade aufgerichtet sein, und das Kätzchen darf beim Laufen, Rennen und Springen nicht hinken.

Afterbereich

Heben Sie das Schwänzchen hoch, um diesen Bereich zu untersuchen, der ganz sauber sein muss. Kotspuren und unangenehmer Geruch oder eine Rötung deuten auf Durchfall oder vermehrtes Belecken hin.

Gesamteindruck

Ein gesundes Kätzchen ist ausgeglichen und lebhaft. Alle Katzen aus dem Wurf sollten aktiv und neugierig interessiert sein. Erliegen Sie nicht der Versuchung, das kleinste und schwächste Tier zu wählen oder eines, das sehr still ist oder kränklich aussieht. War oder ist ein Kätzchen krank, besteht für die gesunden Tiere ein erhöhtes Infektionsrisiko.

Ein dicker, aufgetriebener Bauch könnte auf Wurmbefall hinweisen.

KATZE UND MENSCH

Katzenverhalten im Wurf

Einen kompletten Wurf kann man kaum auseinander halten, und es fällt schwer, sich für eines der Kätzchen zu entscheiden. Da die Katze aber zu Ihrem Zuhause und Ihrer Familie passen soll, ist es wichtig, wirklich die richtige auszuwählen.

Die extrovertierte Katze

Zu extrovertierten Menschen passt am besten eine ebensolche Katze. In einer turbulenten Familie wird eine introvertierte Katze ständig auf der Flucht sein, und eine ängstliche fühlt sich in der Hektik absolut unwohl.

Ein extrovertiertes Kätzchen ist leicht auszumachen, meist geht es schnurstracks auf Menschen zu. Im neuen Zuhause braucht es viel Zuwendung und fordert diese auch vehement. Schon bald will es mehr unterhalten oder beschäftigt werden und stürzt sich dann auf Artgenossen oder Spielzeuge oder erprobt seine Kletterkünste an den Gardinen.

Ein solches Tier ist für Singles, ältere und ruhige Menschen ungeeignet, ebenso als reine Wohnungskatze, es sei denn, man lässt sich auf tägliche Kämpfe ein, um sie bei Laune zu halten.

Die »normale« Katze

Die Durchschnittskatze lässt sich gerne auf den Arm nehmen, verträgt sich gut mit ihren Wurfgeschwistern und ist relativ ruhig, aber trotzdem spielfreudig. Ein solches Tier verkörpert eine gesunde Mischung aus Geselligkeit und Unabhängigkeit und ist die ideale Familienkatze, da sie sich einem lebhaften Haushalt gut anpassen, aber genauso auch mit ruhigen Menschen auskommen kann.

Die scheue Katze

Ein scheues Kätzchen sitzt meist etwas abseits oder kehrt dem Wurf den Rücken zu. Es ist zwar gesund, mag aber mit dem Trubel um sich

◀ *Eine scheue Katze passt gut in eine ruhige Familie.*

herum nichts zu tun haben. Es hat aber nichts gegen Hochheben und Streicheln und macht es sich sogar schnell auf dem Arm oder Schoß bequem, wo es dann stundenlang ausharren kann.

Solche Katzen lieben »ihre« Menschen heiß und innig, manche hängen an ihnen wie Kletten. Daher hält man sie gern zusammen mit einer etwas ausgeglicheneren Katze, der sie einen Teil ihrer Liebe und Aufmerksamkeit zukommen lassen können. Dann leiden sie auch nicht so, wenn ihr Besitzer morgens zur Arbeit geht. In einen turbulenten Haushalt passen scheue Katzen nicht.

Wie der Vater, so der Sohn

Einige interessante Untersuchungen deuten darauf hin, dass ein Kätzchen sein Temperament vom Vater erbt. Dessen Soziabilität hätte also direkten Einfluss auf die seiner Jungen, auch wenn beide einander sich nie zu Gesicht bekämen. Natürlich beeinflusst auch die Mutter das Temperament, aber bei ihr vermischt sich der genetische Einfluss mit dem, den sie durch ihr Verhalten nach der Geburt ausübt.

Über das ganze Ausmaß der väterlichen Erbanteile ist man sich noch nicht im Klaren. Man geht aber davon aus, dass die allgemeine Katzenpersönlichkeit im Alter von etwa acht Wochen weitgehend geformt ist. In den folgenden Wochen und Monaten kann die Soziabilität einer Katze zwar durch Lernprozesse gefördert werden, ihr eigentliches Temperament bleibt davon aber nahezu unberührt.

◀ *Dieses ausgeglichene Kätzchen wird ganz sicher mal ein heiß geliebter Hausgenosse.*

KATZE UND MENSCH

Das neue Zuhause des Kätzchens vorbereiten

Während Sie sich darauf freuen, Ihr Kätzchen nach Hause zu holen, bedeutet der Umzug für das Kätzchen zunächst Stress. Deshalb sollten Sie im Voraus planen, wo es schlafen und was es fressen soll und wie Sie seine ersten Begegnungen mit der Familie, anderen Haustieren usw. gestalten wollen.

Zimmer für Zimmer

Das Kätzchen fühlt sich sicherer, wenn es zunächst nur ein Zimmer erkunden muss. So wird es nicht gleich von der ganzen Wohnung überwältigt, sondern kann sich mit den Gegebenheiten vertraut machen, lernen, wo Futter, Wasser und Katzenklo stehen, und allem einen vertrauten Geruch verleihen, indem es sich daran reibt und umherläuft.

Bestimmen Sie dieses erste Katzen-Zimmer, bevor Sie sie abholen. Die meisten Halter entscheiden sich für die Küche, wo die Familie sich regelmäßig trifft und man leicht sauber machen kann. Ein Fernsehzimmer oder ein ruhiges Schlafzimmer sind aber genauso gut, so lange man die Tür schließen und den Bewegungsraum des Kätzchens in den ersten Stunden oder Tagen so begrenzen kann. Viele Halter sperren ihr Kätzchen nicht gern ein, aber der Katze gibt diese Beschränkung Sicherheit und hilft ihr dabei, heimisch zu werden.

Wenn Sie sich für ein Zimmer entschieden haben, sollten Sie mögliche Gefahrenquellen beseitigen. Kleine Gegenstände wie Gummibänder, Büroklammern usw. können ver-

▶ Um Rivalitätsprobleme zu vermeiden, sollte jedes Kätzchen seinen eigenen Futternapf bekommen.

▲ *Schon mit vier Wochen kann ein Kätzchen lernen, eine Katzentoilette zu benutzen.*

schluckt werden. Entfernen Sie auch Elektrokabel und zerbrechliche Dekorationsgegenstände.

Sobald Ihr Kätzchen den neuen Raum betritt, sucht es nach vertrauten Gerüchen. Mit einem Trick können Sie ihm das Gefühl geben, schon einmal hier gewesen zu sein. Nehmen Sie ein Tuch, das Sie kurz zuvor an seinen Wangen und denen seiner Mutter gerieben haben, und streichen Sie damit über Wände und Möbel (vgl. S. 31–32). Katzen fühlen sich viel sicherer an einem Ort, der mit ihren Pheromonen markiert ist. Fühlt Ihr Kätzchen sich nach einiger Zeit in dem ersten Zimmer sicher, dann können Sie mit dem nächsten genauso verfahren.

In einigen Ländern gibt es jetzt ein Produkt namens FeliFriend, das Katzen helfen soll, sich in einer neuen Umgebung sicher zu fühlen. Es handelt sich dabei um einen synthetischen Ersatzstoff für die Wangensekrete der Katze. Da es für den Menschen geruchlos ist, eignet es sich gut zum Präparieren von Wänden und Möbeln. Fragen Sie Ihren Tierarzt danach, wenn Sie Ihr Kätzchen von dieser neuesten Entwicklung der Wissenschaft profitieren lassen möchten!

Andere grundlegende Dinge

Futter

Besorgen Sie das Futter, an das Ihr Kätzchen bisher gewöhnt ist. Selbst wenn Sie es später anders füttern wollen, sollten Sie ihm mindestens eine Woche lang die gewohnte Nahrung lassen und diese dann nach und nach ändern.

Wasser

Ihr Kätzchen wird nach dem Transport durstig sein, und das Wasserschälchen zu finden gehört zur ersten Orientierung im neuen Zuhause. Entscheiden Sie im Voraus, wo das Wasser stehen soll und lassen Sie es in den ersten Wochen dort.

Kätzchen neigen zu Magenverstimmungen, was häufig durch Stress, anderes Futter oder sogar anderes Wasser ausgelöst wird. Sie sollten sich daher überlegen, wenigstens zu Anfang stilles Mineralwasser zu geben. Wenn sich das Kätzchen dann einmal eingewöhnt hat, genügt auch frisches Leitungswasser.

Schlafplatz

Es gibt eine große Auswahl an Katzenkörben (vgl. S. 67). Am wichtigsten ist, dass der Korb behaglich ist und vertraut und nach Heimat riecht, was ein vom Züchter mitgebrachter Lappen bewirken kann.

Katzentoilette

Das Katzenklo sollte bereitstehen, wenn Ihr Kätzchen ins Haus kommt, damit sein erstes Erlebnis im neuen Heim nicht ein »Missgeschick« auf dem Teppich ist! Stellen Sie die Toilette möglichst weit entfernt von Futter, Wasser und Schlafplatz auf.

KATZE UND MENSCH

Mit dem Kätzchen auf Reisen

Bevor Sie Ihr Kätzchen abholen, versuchen Sie, sich in seine Situation zu versetzen. In der Regel handelt es sich um seine erste Trennung von Mutter und Geschwistern und die erste Autofahrt. Beides wird ihm fremd sein, und mit etwas Voraussicht können Sie ihm den Übergang erleichtern.

Transportbehälter

Für die Fahrt brauchen Sie unbedingt einen Transportbehälter. Wenn Kätzchen Neues sehen, riechen oder hören, haben sie schnell Angst und würden Ihnen vom Arm springen.

Transportbehälter gibt es in vielen Ausführungen. Solche aus Pappe können nur eine Übergangslösung sein. Feuchtigkeit weicht sie auf, und da ein ängstliches Kätzchen sicher Wasser lässt, sind sie nicht ideal. Pappkartons sind noch ungeeigneter, in denen das Kätzchen im Dunkeln sitzt und nicht hinausschauen kann. Viel besser sind stabile Plastikbehälter mit Gitterwänden und Tragegriff. Sie sorgen für einen sicheren Transport bei gleichzeitiger Blickfreiheit. Auf dem Boden können Sie aus Zeitungen und alten Handtüchern ein gemütliches Nest bauen. In so einem Behälter fühlt sich Ihr Kätzchen auch bei der Ankunft und dem Kennenlernen der übrigen Haustiere sicher (vgl. S. 61–63).

◀ Katzen sollten immer sicher transportiert werden, egal wie kurz die Reise ist.

▲ *Gitterkäfige geben Sicherheit und erlauben dem Kätzchen einen guten Überblick.*

Der Geruch der Sicherheit

Worin Sie Ihr Kätzchen auch nach Hause bringen, es muss sich darin wohl fühlen, wozu ein vertrauter Gegenstand aus seinem Nest beitragen kann. Das kann ein Lappen oder ein altes Handtuch sein, auf dem Kätzchen und Mutter im Haus des Züchters gelegen haben. Legen Sie dies mindestens eine halbe Stunde vorher in den Behälter, damit der vertraute Geruch sich verbreiten kann. Dem Kätzchen wird auf diese Weise der Eindruck vermittelt, es sei hier früher schon einmal gewesen.

Bei ihrer ersten Fahrt finden Kätzchen das Schaukeln des Autos oft sehr unangenehm, manche schreien und maunzen die ganze Zeit. Ignorieren Sie das möglichst, aber sobald das Kätzchen still ist, reden Sie beruhigend mit ihm. Vor der Fahrt sollte es nichts gefressen haben, da dies zu Übelkeit führen könnte. Wenn das Kätzchen sich erbricht, warten Sie mit dem Saubermachen, bis Sie zu Hause sind, damit es nicht die Gelegenheit nutzt und auf Nimmerwiedersehen davonläuft.

Auf der Straße zu Hause

Manche Katzen fühlen sich im Auto oder in anderen Verkehrsmitteln wie zu Hause. Sie können Ihre Katze daran gewöhnen, wenn Sie sie auf Reisen mitnehmen wollen: Machen Sie von klein auf immer wieder kurze Fahrten mit ihr.

Angst vor dem Transportbehälter

Oft scheuen Katzen beim Anblick eines Transportkorbs zurück, weil sie damit etwa Besuche beim Tierarzt assoziieren. Wenn der Behälter irgendwo im Zimmer steht, riecht er nach und nach vertraut, wird für Ihre Katze ein Teil des Inventars und so bei der nächsten Gelegenheit nicht mehr gemieden.

KATZE UND MENSCH

Das Kätzchen mit seinem Zuhause bekannt machen

Wenn Sie Ihr Kätzchen heimgebracht und eine Weile in einem Zimmer gehalten haben, wird es mehr entdecken wollen. Vermeiden Sie Hektik und Geschrei und halten Sie Kinder zunächst zurück, während Sie die Aufmerksamkeit des Kätzchens auf seine Toilette lenken. Hat es sein Geschäft verrichtet, kann das Abenteuer beginnen.

Sicherheit
Die meisten Kätzchen kriechen gern hinter Gegenstände. Schließen Sie also vorsichtshalber Schränke, Ofen, Waschmaschine usw.

Kinder
Wenn Ihr Kätzchen schon Kontakt mit Kindern hatte, wird es sich vor ihren Geräuschen und Bewegungen nicht ängstigen. Kennt es Kinder noch nicht, sollten Sie den ersten Kontakt sorgfältig überwachen.

Kinder sollten sich möglichst ruhig und still auf den Boden setzen. Ihnen beizubringen, dass sie warten müssen, bis das Kätzchen zu ihnen kommt, ist eine gute Übung für sie. Nichts ist für ein Kätzchen schlimmer, als von einem übereifrigen Kind gejagt zu werden. Der erste Eindruck ist entscheidend, und es ist wichtig, dass Kind und

◀ *Lassen Sie Babys und kleine Kinder beim Kontakt mit Kätzchen oder Katzen nie unbeaufsichtigt.*

Kätzchen gleich eine positive Einstellung zueinander entwickeln.

Sobald die Katze auf das Kind zukommt, darf es sie streicheln. Es sollte das Kätzchen aber nicht hochheben, da das leicht zu Missgeschicken führt.

Kinder wollen sich meist sofort mit dem neuen Haustier anfreunden, aber sie müssen lernen, dass Kätzchen viel Ruhe brauchen und beim Schlafen nicht gestört werden dürfen.

Bekannt machen mit dem Familienhund

Hunde und Katzen können die besten Freunde sein, wenn man ihnen Gelegenheit dazu gibt. Sind Sie unsicher, wie Ihr Hund wohl reagiert, halten Sie ihn zunächst vorsichtshalber an der Leine und sperren Sie die Katze zum Beispiel in ihren Transportbehälter.

Die meisten Hunde jagen Katzen gern, allerdings meist wegen ihrer spannenden schnellen Bewegungen und nicht, um ihnen Schaden zuzufügen. Deshalb sollte sich das Kätzchen anfangs immer an einem Ort befinden, wo es sicher ist und nicht rennen kann, in den ersten Tagen oder Wochen beispielsweise in einem großen Käfig. So können sich die Tiere aus sicherer Entfernung an Geruch und Geräusche des anderen gewöhnen.

Danach können die ersten streng überwachten Kontakte geübt werden. Halten Sie den Hund anfangs noch an der Leine, während die Katze einige hoch liegende Fluchtplätze zur Verfügung haben muss. Suchen Sie früh Hilfe, wenn Sie spüren, dass der Hund eine Bedrohung für das Kätzchen ist – Vorsicht ist auf alle Fälle besser als Nachsicht.

◀ *Die ersten Kontakte mit Hunden und anderen Tieren sollten streng überwacht werden. Diese Kätzchen sind offensichtlich ängstlich.*

KATZE UND MENSCH

Das Kätzchen mit einer älteren Katze bekannt machen

Mit der häufigste Grund für Verhaltensprobleme von Katzen ist das falsche Bekanntmachen mit einer bereits vorhandenen Katze. Der erste Kontakt kann über die ganze Beziehung entscheiden, und selbst wenn Sie sicher sind, dass Ihre erwachsene Katze sich sofort in das neue Kätzchen verlieben wird, sollten Sie einige Vorkehrungen treffen, damit ganz bestimmt alles gut läuft.

Dringt jemand in ihr inneres Revier ein, ziehen die meisten Katzen die Flucht einem Kampf vor. Fühlen sie sich jedoch bedroht oder in die Enge getrieben, können sie aggressiv werden. Nichts kann für ein Kätzchen erschreckender sein, als von einer älteren, fremden Artgenossin hinters Sofa oder gar aus dem Haus gejagt zu werden. Aus deren Sicht ist ihr Verhalten allerdings verständlich, denn auch für sie ist das Ganze traumatisch.

Wie wir brauchen auch Katzen für neue Freundschaften Zeit und Raum. Warum sollte eine Katze einen Fremdling in ihrem Heim mehr mögen als Sie etwa einen Einbrecher? Wenn wir uns mit jemandem anfreunden, beachten wir soziale Regeln – Händeschütteln, Kennenlernen. Genauso müssen sich auch Katzen an Geruch, Anblick und Geräusche des anderen Tiers gewöhnen, bevor sie sich mit ihm anfreunden.

◀ *Der erste Eindruck ist entscheidend! Lassen Sie Katze und Kätzchen beim ersten Kontakt nicht aus den Augen.*

Kontrollierte Annäherung

1. Holen Sie Ihr Kätzchen nach Hause und machen Sie es zunächst nur mit einem Raum vertraut. Lassen Sie die beiden Katzen an den ersten zwei, drei Tagen nicht zusammen, verhindern Sie den Kontakt. Streicheln Sie in dieser Zeit das Kätzchen möglichst oft und füttern und streicheln Sie danach die ältere Katze. So kommt ein »Duftaustausch« in Gang.

2. Während die erwachsene Katze draußen oder in einem abgesperrten Raum ist, lassen Sie das Kätzchen eine Weile in einem anderen Zimmer. Bringen Sie es dann in sein vertrautes Zimmer zurück und holen die andere Katze in den Raum, in dem das Kätzchen gerade war und lassen sie schnuppern. Beruhigen und füttern Sie sie, damit sie sich sicher fühlt. Wiederholen Sie dies auch mit anderen Räumen.

3. Setzen Sie das Kätzchen in einen vergitterten Transportbehälter. Füttern Sie es und sorgen Sie dafür, dass es sich entspannt und wohl fühlt. Stellen Sie den Behälter an eine erhöhte Stelle und geben Sie dem Kätzchen von seinem Lieblingsfutter.

4. Bringen Sie die ältere Katze ins Zimmer und bieten Sie ihr in einiger Entfernung vom Transportkorb einen Leckerbissen an. Die Katzen sehen sich jetzt zum allerersten Mal. Sie sollten sich vom Geruch her zwar schon etwas kennen, dennoch kann die Ältere aggressiv werden. Wenn sie faucht und sich auf den Behälter stürzt, müssen Sie sofort eingreifen, etwa mit lauten Geräuschen oder einer Wasserpistole, aber nicht mit den Händen, die leicht verletzt werden könnten.

5. Bleiben beide Katzen ruhig, reden Sie sanft auf sie ein und erlauben Sie der Älteren, näher zu kommen. Wie sie reagiert, hängt von ihrem Wesen ab und davon, wie viel Mühe Sie in den Duftaustausch investiert haben. Beenden Sie die Lehrstunde, indem Sie das Kätzchen in sein Zimmer zurückbringen.

▼ *Die abwehrende Haltung dieses Kätzchens zeigt seine Angst. Benutzen Sie einen Transportbehälter, um den ersten Kontakt zu erleichtern.*

6. Spielen Sie zwischen den Lektionen weiterhin allein mit dem Kätzchen in verschiedenen Räumen. So wird es durch seinen Geruch mehr und mehr zum festen Bestandteil des Haushalts.

7. Übereilen Sie den ersten direkten Kontakt nicht. Manchmal hilft es, das ältere Tier in den Transportkorb zu sperren, während das neue im selben Raum auf Entdeckungsreise gehen darf. Beobachten Sie die Körpersprache der Katzen. Wenn sie so Seite an Seite fressen, können Sie versuchen, sie auch ohne Barriere gemeinsam zu füttern.

8. Die Dauer dieser Prozedur hängt nur vom Wesen der beiden Katzen ab. Manche brauchen nur wenige Tage, andere Wochen. Sobald sie friedlich zusammen fressen, stehen die Chancen gut, dass sie sich anfreunden, und wenn sie sich aneinander reiben, gegenseitig putzen oder zusammengekuschelt schlafen, steht alles zum Besten.

Wenn es Probleme gibt

Trotz der oben genannten Maßnahmen kann es passieren, dass Katze und Kätzchen sich nicht verstehen. Vielleicht sind sie einfach zu unterschiedlich. Schließlich verstehen wir uns auch nicht mit allen! Wenn beide trotz aller Bemühungen nicht miteinander auskommen, bitten Sie Ihren Tierarzt, Ihnen einen guten Verhaltensspezialisten zu empfehlen.

Kätzchen und kleine Kinder: Fakten und Fiktion

Keine andere Tier-Mensch-Beziehung ist so umstritten und gibt so viel Anlass zur Sorge wie Katze und Baby in einem Haushalt. Am problematischsten scheinen hygienische und grundlegende praktische Aspekte. Selbst Ärzte sind sich über Risiken oft nicht ganz im Klaren, was die Verwirrung der Eltern noch verstärkt.

▶ *Kleine Kinder und Katzen sollten nie unbeaufsichtigt sein.*

Wie so viele Dinge erfordert das Halten von Katzen in einem Haushalt mit Kleinkindern vor allem gesunden Menschenverstand. Hauskatzen sind für die menschliche Gesundheit kein größeres Risiko als andere Tiere, und werden grundlegende Hygieneregeln eingehalten, ist das Risiko sogar ganz auszuschließen.

Toxoplasmose

Jede Schwangere fürchtet sich vor einer Toxoplasmose-Infektion und den daraus resultierenden Gefahren für das Ungeborene. Daher sollte jede werdende Mutter auf dieses Risiko hingewiesen werden.

Toxoplasma gondii ist ein einzelliger Parasit, der auf Menschen übertragen werden kann. Katzen können ihn im Körper haben, wenn sie infizierte Tiere gefressen haben, und dann durch ihren Kot weitergeben (vgl. S. 133). Deshalb sollten Schwangere bei Gartenarbeiten und beim Reinigen der Katzentoilette immer Handschuhe tragen; noch besser wäre es, wenn andere diese Aufgaben erledigten!

Aber nicht nur Katzen übertragen Toxoplasmose. Auch durch Verzehren von halbgarem verseuchtem Fleisch oder von Gemüse, das auf verseuchtem Boden gewachsen ist, kann man sich anstecken.

Wenn Sie sich wegen des Risikos Gedanken machen oder bald ein Kind

möchten und bereits Katzen halten, sollten Sie durch einen Bluttest feststellen lassen, ob Sie immun gegen die Krankheit sind. Sind Sie es, können Sie die Infektion nicht auf ein Ungeborenes übertragen. Sind Sie es nicht, heißt das nur, dass Sie sich bisher nicht angesteckt haben und Hygiene oberste Priorität haben sollte. Halten Sie Ihre Katze unbedingt von Stellen fern, wo Essen und Fläschchen zubereitet werden, und waschen Sie sich häufig die Hände.

Viele Eltern fürchten, ihr Baby könnte ersticken, wenn die Katze in sein Bettchen springt und sich auf das Baby legt. Das ist äußerst unwahrscheinlich! Katzen lieben zwar warme, kuschelige Plätze, aber Geschrei, Geruch und Gestrampel eines Babys lieben sie ganz und gar nicht! Trotzdem sollten Sie Katze und Baby nie allein im Zimmer lassen. Weitere Sicherheit bietet ein Katzennetz über dem Bettchen.

In der Regel akzeptieren Kätzchen ein Baby schnell als neues Familienmitglied, aber beide benötigen in ihren ersten Monaten viel Aufmerksamkeit, und das kann für eine junge Mutter schnell zuviel werden.

Besonders reine Wohnungskatzen sind, was mentale und körperliche Aktivitäten anbelangt, ganz auf ihren Besitzer angewiesen. Außerdem brauchen sie stets eine saubere Katzentoilette.

Wenn Sie ein Baby erwarten oder kleine Kinder haben, sollten Sie sich gut überlegen, ob Sie ein neues Haustier anschaffen wollen. Das können Sie auch später noch, vielleicht, wenn die Kinder alt genug sind, um bei der Pflege der Tiere zu helfen.

◄ *Durch Einhalten hygienischer Grundregeln lassen sich Gesundheitsrisiken während der Schwangerschaft vermeiden.*

◻ KATZE UND MENSCH

Grundausstattung

Katzen brauchen keine großartige, teure Ausstattung, sondern nur ein paar grundlegende Dinge, um sich in ihrem neuen Heim schnell einzuleben. Alles Übrige ist mehr für Katzennarren oder Kaufsüchtige!

Das Wichtigste

Futter- und Wassernapf

Die Futternäpfe sollten stabil und rutschfest sein; Keramik, Plastik und Edelstahl eignen sich gleichermaßen. Untertassen dagegen sind ungünstig, da Kätzchen leicht hineintreten und sie umkippen.

Man braucht einen Napf für Futter und einen für Wasser und sollte beide separat vom Geschirr der Familie reinigen.

Katzentoilette

Katzentoiletten gibt es in verschiedenen Ausführungen – von der offenen Wanne bis zu überdachten Modellen, zum Teil mit Schwingklappe. Letztere bieten dem Kätzchen Sicherheit, be-

◂ *Die meisten Katzen kuscheln sich gern in einen Korb mit hohem Rand.*

sonders wenn die Gefahr besteht, dass es beim Verrichten seines Geschäftes von anderen Haustieren verscheucht wird!

Die meisten Kätzchen ziehen lockeres, feines Streumaterial körnigem und grobem vor.

Schlafplatz

Alle Katzen brauchen einen eigenen Schlafplatz. Irgendwann schlafen sie vielleicht am liebsten in Ihrem Sessel, aber zunächst sollten sie ihr eigenes »Bett« haben, das ein Pappkarton, Plastikkorb, Schaumstoffnest oder ein einfaches Kissen sein kann. Kunstpelz oder Schaffell sorgen darin für Wärme und Behaglichkeit. Es gibt auch eine Art Hängematte, die man über eine Heizung hängen kann.

Für welche Art Schlafplatz Sie sich auch entscheiden, Hauptsache er ist leicht zu reinigen und mit waschbarem Material ausgelegt. Schmutzige Decken und Kissen sind ein hervorragender Nährboden für Flöhe.

»Laufställchen«

Ein »Laufställchen« mag zwar an einen Käfig erinnern, kann aber in der Eingewöhnungsphase Ihres Kätzchens enorm dazu beitragen, Ihre Nerven zu schonen. Kätzchen können in alle möglichen Schwierigkeiten kommen, wenn sie unbeaufsichtigt sind, etwa an Elektrokabeln kauen, aus dem Fenster fallen oder weglaufen. Ein Ställchen erleichtert auch das Kennenlernen anderer Katzen und Hunde (vgl. S. 61–63).

Halsband

Wenn Sie Ihre Katze zu ihrer Sicherheit mit einem Halsband kennzeichnen wollen, gewöhnen Sie sie möglichst früh daran, wählen Sie ein Sicherheitshalsband, das sich bei großer Spannung dehnt oder reißt und bringen Sie die Kennzeichnung auf einem nicht zu schweren Schildchen an, etwa aus Metall oder Plastik.

Der Kratzbaum muss so groß sein, dass sich eine erwachsene Katze ganz daran aufrichten kann.

Kratzbaum

Vorbeugen ist immer besser als sich über Schäden zu ärgern, und ein Kratzbaum kann sich als wirksamer Schutz für Ihre Möbel erweisen! Alle Katzen müssen kratzen, um ihre Krallen abzuwetzen oder ihr Revier zu markieren (vgl. S. 108). Als Kratzbaum kann ein Stamm aus dem Garten oder ein mit Sisal bespannter Pfosten dienen. Er sollte so stabil und groß sein, dass eine ausgewachsene Katze sich daran aufrichten und strecken kann, ohne dass er umkippt. Von einer Bespannung mit Teppichboden ist abzuraten. Sie könnte das Kätzchen ermutigen, auch an anderen Teppichen zu kratzen.

Bürste oder Kamm

Alle Kätzchen sollten sich früh an Kämmen und Bürsten gewöhnen. Das ist nicht nur gut für Haut und Fell, sondern hilft Ihnen, ein gutes Verhältnis zu Ihrem Tier aufzubauen. Auch Katzen untereinander festigen durch gegenseitige Fellpflege ihre sozialen Bindungen – das können Sie ebenso. Durch Bürste, Samthandschuh oder Kamm lernt Ihr Kätzchen auch, dass Gegenstände sich angenehm anfühlen können. Ein angenehmer Nebenaspekt ist dabei außerdem, dass Ihr Stubentiger weniger Angst vor Untersuchungen und Behandlungen beim Tierarzt hat.

KATZE UND MENSCH

Ernährung

Die Bedürfnisse der Katze

Katzen sind Fleischfresser und können als hervorragende Jäger nicht vegetarisch ernährt werden – bei ausschließlich fleischloser Fütterung ohne die Zugabe von Proteinen würden sie eingehen. Katzen brauchen bestimmte Nährstoffe, die nur in tierischem Gewebe enthalten sind, zum Beispiel Vitamin A und Niacin. Sie sind nicht in der Lage, selbst die Aminosäure Taurin zu bilden, die für ihre Sehkraft unerlässlich ist.

Nahrungsmenge

Der Nahrungsbedarf von Katzen kann sehr unterschiedlich sein. Sie brauchen Proteine für die Heilung von Körpergewebe, für Wachstum und Energie, und vor allem junge Katzen müssen oft ihre Energiedepots auffüllen.

Bei trockener Vollnahrung wird Ihre Katze wahrscheinlich am Tag und nachts häufig fressen und praktisch selbst entscheiden, wie viel sie braucht. Dosen- und anderes Nassfutter kann

▼ *Die Ernährung Ihres Kätzchens hängt von seiner Lebensweise ab.*

nicht so »ad libitum« gegeben werden, ein acht bis zwölf Wochen altes Kätzchen braucht etwa fünf kleine Mahlzeiten am Tag, damit sein Verdauungssystem optimal funktioniert.

Futterplatz

Katzen fressen am liebsten da, wo sie sich sicher fühlen. Ideal als Futterplatz ist eine ruhige, etwas erhöht liegende Stelle nicht zu nah bei der Katzentoilette. Andere Katzen und Hunde sollten hier möglichst keinen Zugang haben, denn der Geruch von Katzenfutter ist für sie eine unwiderstehliche Versuchung.

Art des Futters

Die Nahrung Ihres Kätzchens muss auf seinen Energiebedarf und auf Größe und Alter abgestimmt sein. Hersteller von Tiernahrung führen umfassende Studien durch, um die Versorgung der Tiere zu optimieren. Bei den meisten

▲ *Trockenfutter unterstützt die Zahnpflege.*

Produkten können Sie sicher sein, dass sie alles enthalten, was Ihr Kätzchen für eine gesunde Entwicklung und eine gute Verdauung braucht.

Manche möchten die Ernährung ihrer Katze lieber selbst in die Hand nehmen, was aber nicht so einfach ist. Es kann passieren, dass Ihr Kätzchen so nicht alle Nährstoffe bekommt, die es in der wichtigen Wachstumsphase braucht.

Eine Ernährungsumstellung sollte stets schrittweise erfolgen. Abrupte Änderungen können zu schweren Magenverstimmungen und Durchfall führen. Wenden Sie sich mit Fragen zur Ernährung Ihres Haustiers an Ihren Tierarzt.

Trinken

Ihr Kätzchen muss immer Zugang zu frischem, sauberem Trinkwasser haben. Bekommt es Nassfutter, wird sein Flüssigkeitsbedarf dadurch weitgehend

◀ *Stellen Sie den Futternapf Ihres Kätzchens an einen ruhigen Platz. Näpfe gibt es in großer Auswahl.*

▲ *Kätzchen müssen während der Entwöhnungsphase lernen, feste Nahrung zu sich zu nehmen.*

▶ *Katzen sind oft wählerische Esser. Entscheiden Sie sich für eine gesunde Nahrung und bleiben Sie dabei.*

gedeckt. Katzen, die Trockenfutter fressen, brauchen entsprechend öfter Wasser. Trinkt ein Kätzchen plötzlich mehr als sonst, könnte es krank sein. Bringen Sie es dann zum Tierarzt.

Geben Sie Kätzchen und Katzen keine Milch. Die meisten vertragen Kuhmilch nicht gut und können davon Durchfall bekommen. Mittlerweile wird jedoch spezielle Katzenmilch angeboten. Damit können Sie Ihre Katze ab und zu ruhig verwöhnen.

Futtersorten

Mit Tierfutter werden riesige Umsätze erzielt! Im Supermarkt finden Sie etliche verschiedene Sorten, von fleischigen Brocken in Dosen bis zu trockenen Körnern. Ihre Wahl hängt vom Alter des Kätzchens ab, davon, was es zuvor gefressen hat, von Kosten und von praktischen Aspekten.

Nassfutter

Nassfutter ist Dosen- oder vakuumverpacktes Futter. Es enthält bis zu 80 Prozent Wasser und sieht aus wie Fleisch. Aussehen und Geruch verraten jedoch nichts über die Inhaltsstoffe.

Kätzchen und erwachsene Tiere brauchen hochwertige, leicht verdauliche Proteine. Deshalb sollten Sie die Liste der Inhaltsstoffe studieren. Leider ist diese oft ziemlich vage; Formulierungen wie »Fleisch- und tierische Nebenprodukte« besagen nicht, um welche Produkte es sich handelt.

Nassfutter ist meist sehr schmackhaft. Nicht von ungefähr gibt es immer mehr übergewichtige Katzen, was auf ihre bewegungsarme Lebensweise und allzu gute Ernährung zurückzuführen ist.

Trockenfutter

Bei der Herstellung von Trockenfutter wird der Nahrung zunächst Flüssigkeit entzogen, dann wird sie zu kleinen Kügelchen gepresst. Auch hier sollte man die Inhaltsstoffe überprüfen. Trockenfutter kann man offen stehen lassen und daher relativ spontan füttern.

Es gibt auch kalorienreduziertes und besonders zahnfreundliches Trockenfutter. Letzteres ist sehr zu begrüßen, da viele Katzen unter Zahn- und Zahnfleischproblemen leiden, was zu Zahnverlust führen kann. Knuspriges Trockenfutter trägt zur Zahnhygiene der Katze bei, da das vermehrte Kauen die Zähne reinigt.

Leckerbissen

Viele Halter geben ihrem Haustier gern ab und zu eins von den zahlreichen Leckerchen, die in Supermarkt und Zoohandlung erhältlich sind. Sie eignen sich gut als Belohnung und stärken die Beziehung zu Ihrem Kätzchen.

Gestatten Sie dem Kätzchen nie, von Ihrem Teller zu naschen. Füttern Sie es auch nicht mit bestimmten Nahrungsmitteln, die für den Menschen sind und für das Tier gefährlich sein können. Hierzu gehören besonders Geflügelknochen. Sie zersplittern leicht, und es kann zu inneren Verletzungen kommen.

Ungeeignete Nahrung verursacht oft Magenverstimmungen. Exotische Reisgerichte etwa sind wirklich nicht für die Katze gedacht!

KATZE UND MENSCH

Bewegung und Spiel

Auch Katzen brauchen gute Nahrung und Bewegung, um fit zu bleiben. Üblicherweise regeln sie das selbst, indem sie nur so viel fressen wie nötig, draußen herumlaufen, springen und jagen. Sie verbrauchen ihre Energie meist nur in kurzen Schüben, die übrige Zeit rollen sie sich irgendwo zusammen und dösen vor sich hin.

Da Katzenfutter immer schmackhafter wird und die Zahl der reinen Wohnungskatzen steigt, haben mehr und mehr Katzen Übergewicht. Sorgen Sie deshalb unbedingt für genügend Bewegung, indem Sie mit der Katze spielen und ihr Interesse an Spielzeug wecken.

Spielzeug

Das Angebot an Katzenspielzeug ist immens – von kleinen Katzenminze-Mäusen bis zu deckenhohen Spielgeräten, ideal für Wohnungskatzen (vgl. S. 94). Man unterscheidet folgende Typen:

Interaktives Spielzeug

Hierzu gehören mit Futter gefüllte Puzzlebälle, die das Kätzchen belohnen, wenn es damit spielt, und sein Interesse an beweglichen Objekten fördern. Es gibt auch durchsichtige Bälle mit einem Gegenstand darin, den das Kätzchen zu ergattern versucht.

Katzenminze-Spielzeug

Meist handelt es sich dabei um Fellmäuse, Sisalbälle an Schnüren oder andere kleine Gegenstände, die sich

◀ *Manche Katzen finden Katzenminze-Spielzeug mit seinem Geruch unwiderstehlich.*

▲ In Ihrer Zoohandlung finden Sie eine wunderbare Auswahl von Spielsachen.

wie Beutetiere herumtragen lassen. Manche Katzen reagieren auf den Geruch von Katzenminze regelrecht ekstatisch. Das ist aber eher selten. Die meisten spielen einfach gern mit diesem Spielzeug, ohne sich aber direkt daran zu berauschen.

Stäbe

Stäbe mit einer Schnur, an der sich Federn oder andere Spielsachen befestigen lassen, sind am besten geeignet, wenn Sie mit Ihrem Kätzchen spielen möchten. Sobald Sie den Stab hin und her schwenken, jagt das Kätzchen der »Beute« nach, die daran hängt. So kann das Kätzchen seinem natürlichen Jagdtrieb frönen, ohne dass dabei Ihre Hände zu Schaden kommen.

Aufziehbare und batteriebetriebene Spielsachen

Aufziehmäuse, -spinnen und sogar -frösche sind im Handel erhältlich. Sie bieten viel Spaß und regen zu Bewegung an, sollten dem Kätzchen aber nicht ohne Aufsicht überlassen werden. Es könnte sich darauf stürzen und sie anknabbern. Prüfen Sie deshalb auch regelmäßig, ob Plastik- und Stoffteile noch festsitzen.

Die neueren Versionen dieses Spielzeugtyps, etwa batteriebetriebene Bälle, die lustig hin und her rollen, sind für große, selbstsichere Kätzchen ein Riesenspaß. Ein kleines, verunsichertes Tier sollte man jedoch auf keinen Fall mit so einem lauten, beweglichen Spielzeug erschrecken.

Selbst gemachtes Spielzeug

Einige der vielseitigsten, interessantesten Spielsachen sind ganz preiswert und einfach. Kätzchen lieben Papiertüten, vor allem leicht aufgeblasene – stundenlang können sie damit spielen. Zur Abwechslung können Sie einen leichten Ball hineintun oder die aufgeblasene Tüte in einen stabilen Karton legen. Will das Kätzchen mit der Tüte spielen, muss es erst da hineinklettern.

Auch Schnüre und große zusammengeknitterte Papierbälle sind meist sehr beliebt und locken selbst schüchterne Tiere aus der Reserve. Aber denken Sie an die Sicherheit Ihres Kätzchens und lassen Sie es mit solchen Dingen niemals unbeaufsichtigt.

◀ *Solche Kratzbäume bereiten Katzen stundenlang Vergnügen. Außerdem bieten sie Aussichtsplätze und Kratzmöglichkeiten.*

Spiele mit Ihrem Kätzchen

Futter verstreuen

Bei trockener Vollnahrung kann es nicht schaden, wenn Ihr Kätzchen ein bisschen Jagd auf sein Essen machen muss. Statt das Futter in ein Schälchen zu füllen, können Sie die Stückchen in den Garten oder ein Zimmer werfen, damit Ihr Kätzchen sie aufspüren muss. Das regt den Geruchssinn und den natürlichen Jagdtrieb des Kätzchens an und macht eine Mahlzeit interessanter.

Apportieren

Wie schnell Ihr Kätzchen lernt, Gegenstände zurückzubringen, hängt von seiner Motivation, seinem Selbstvertrauen und in gewissem Maß sogar von seiner Rasse ab. Orientalen und Burma-Katzen scheint das Apportieren im Blut zu liegen, andere Katzen brauchen dafür etwas länger.

Das Tragen von Beute ist ein natürliches Verhalten, und so lernen viele Katzen auch, hinter Spielzeug herzujagen und es ihrem Besitzer zurückzubringen, damit er es noch einmal wirft. Das bringt Spaß und Bewegung, die besonders für Wohnungskatzen wichtig ist.

▼ *Katzen lieben Bewegung! Wenn Ihr Kätzchen nicht spielen mag, locken Sie es mit einem Spielzeug, das Sie an einer Schnur oder einem Gummiband herumschwenken.*

So bringen Sie Ihrem Kätzchen das Apportieren bei

1. Haben Sie Geduld! Lassen Sie der Katze Zeit, diese neue Fähigkeit zu erlernen. Seien Sie nicht enttäuscht, wenn sie nicht gleich versteht, was Sie wollen.
2. Bringen Sie den Kätzchen bei, auf Zuruf zu kommen (vgl. S. 100).
3. Inszenieren Sie mit einem Spielzeug, das Ihr Kätzchen gern mag, ein interessantes Spiel. Ziehen Sie das Spielzeug über den Boden, damit die Katze ihm nachjagt. Sie wird umso interessierter sein, je »beuteartiger« das Spielzeug ist und je mehr es sich wie ein kleines Nagetier aufführt. Lassen Sie es zwischendurch hinter einem Möbelstück verschwinden und wieder hervorkommen und variieren Sie das Tempo, mit dem es sich bewegt.
4. Lassen Sie das Spielzeug los, während die Katze es jagt, und erlauben Sie ihr, es aufzuheben.
5. Sobald sie das Spielzeug aufgehoben hat, rufen Sie sie und bieten ihr ein anderes Spielzeug oder Nahrung zum Tausch an. Lassen Sie sich nicht auf einen Kampf ein und nehmen Sie der Katze das Spielzeug nicht weg. Wenn sie damit fortläuft, rufen Sie sie zurück und beginnen ein neues Spiel.
6. Seien Sie beharrlich und üben Sie weiter. Viele Katzen können das Apportieren so lernen wie ein Hund!

KATZE UND MENSCH

Aufmerksamkeit und richtige Behandlung

Einer der Hauptgründe für das Halten einer Katze sind der körperliche Kontakt und die Zuneigung, die sie ihrem Besitzer zeigt. Aber nicht alle kleinen Katzen lassen sich gerne von Menschen streicheln und anfassen. Das ist einerseits genetisch bedingt, aber auch durch die Erfahrungen, die das Kätzchen in seinen ersten sieben Wochen gemacht hat, und dadurch, wie sein neuer Besitzer mit ihm umgeht.

Das Kätzchen aufheben

Kleine Katzen lassen sich nur gern hochheben, wenn sie sich sicher fühlen. Schieben Sie eine Hand unter der Brust des Kätzchens zwischen die Vorderbeine. Heben Sie es auf, stützen Sie mit der anderen Hand den Rücken und halten Sie es sicher dicht an der Brust.

Kinder sollten ein Kätzchen nie ohne Aufsicht eines Erwachsenen hochheben, da es, wenn es sich nicht sicher fühlt, vielleicht herunterspringt, wobei es sich selbst oder das Kind verletzen kann.

Näherkommen und Streicheln

Gehen Sie nie auf eine Katze zu und bieten ihr Ihre Zuwendung an! Katzen ziehen es vor, hier selbst die Initiative zu ergreifen, und schätzen es, wenn man ihnen das auch zugesteht. Für ein

◀ *Kätzchen fühlen sich sicher, wenn man sie umsichtig behandelt.*

ängstliches Kätzchen gibt es kaum einen größeren Alptraum, als durchs Haus gejagt zu werden, bis es schließlich unter einem Bett in der Falle sitzt, während der Besitzer es anstarrt und vergeblich versucht, sich mit ihm anzufreunden!

Lassen Sie Ihr Kätzchen zu Ihnen kommen, besonders wenn es ängstlich ist und sich anfangs verstecken will. Sobald es sich in Ihre Richtung bewegt, wenden Sie sich ein wenig ab und kneifen die Augen etwas zusammen (vgl. S. 34–35). Wenn Ihr Kätzchen Körperkontakt sucht, streicheln Sie es zunächst an den Ohren und im Gesicht. Wird dies akzeptiert, streicheln Sie auch Rücken und Schwanz.

Bewegen Sie die Hand langsam und vorsichtig und verhalten Sie sich möglichst ruhig. Ängstliche Kätzchen fliehen oft, wenn man sich ruckartig bewegt oder gar niest.

Die meisten Katzen mögen Berührungen an Füßen und Bauch nicht sehr. Manche Katzen rollen sich zwar auf den Rücken, um sich den Bauch kraulen zu lassen, aber dazu braucht es Zeit und eine vertrauensvolle Beziehung. Es ist besser, mit den Partien zu beginnen, die das Kätzchen gern streicheln lässt, und den Kontakt langsam zu vertiefen.

Vorsicht mit den Händen

Ihre Hände sollten für Ihr Kätzchen immer Sicherheit und Wohlbehagen symbolisieren. Sie sollten eine Katze nie schlagen oder sich auf wilde Spiele einlassen, bei denen sie Ihrer Hand nachjagt und sich auf sie stürzt. Viele Besitzer halbwüchsiger oder erwachsener Katzen bedauern es sehr, ihnen Jagdspiele beigebracht zu haben, bei denen ihre Hände als »Beute« dienten. Bei kleinen Katzen mag das noch amüsant sein, aber bei erwachsenen kann es sehr unangenehm, sogar gefährlich werden.

Keine Sklaverei!

Dem Kätzchen die Initiative bei der Kontaktaufnahme zu überlassen heißt nicht, dass man seinen Bedürfnissen jederzeit unverzüglich Folge leisten muss! Sehr dominante Katzen wecken ihren Besitzer mitten in der Nacht – durch miauen oder gar kratzen und beißen –, um Futter oder Aufmerksamkeit zu bekommen oder einfach nur aus Spaß!

Sie müssen entscheiden, wann ihr Kätzchen Aufmerksamkeit erhält, wenn es mit Ihnen spielen will. Belohnen Sie dabei ruhiges, angemessenes Verhalten. Es muss wissen, dass Sie das Spielen zwar genießen, aber nicht immer gleich aufspringen, wenn es zeigt, dass es gestreichelt oder gefüttert werden möchte.

▼ *Halten Sie beim Spiel mit Ihrem Kätzchen die Hände auf Distanz – das ist sicherer für beide!*

KATZE UND MENSCH

Pflege

▶ Mit der Fellpflege sollte man früh beginnen. Kleine Katzen müssen sich an eine gründliche Körperpflege gewöhnen.

Katzen sind sehr sauber und nehmen es mit der Körperpflege peinlich genau; als Junge müssen sie sich jedoch daran gewöhnen, überall angefasst zu werden. Einige Katzen, besonders langhaarige Rassen, müssen zur Vermeidung von Verfilzungen und Hautproblemen regelmäßig gebürstet und gekämmt werden.

Hier gilt dasselbe wie für andere Erziehungsmaßnahmen auch: Je eher Sie Ihr Kätzchen daran gewöhnen, desto leichter ist es. Bei langhaarigen Rassen dürfen sich auf keinen Fall Verfilzungen bilden, sonst wird das Kätzchen das erste Bürsten gleich als eine unangenehme Erfahrung erleben, die das Kätzchen in Zukunft vor Kamm und Bürste zurückschrecken lässt.

Pflegezubehör

Bürsten: Die Art der Bürste hängt vom Fell der Katze ab. Weiche Borsten sind meistens richtig.

Kamm: Ein Stahlkamm (Flohkamm) ist ideal, um lose Haare zu entfernen. Abgerundete Zinken verhindern Hautverletzungen.

Samthandschuh: lässt glatthaariges Fell glänzen. Die meisten Katzenkinder lieben es, damit gestreichelt zu werden.

Wattebäusche: sehr nützlich zum Auswischen von Ohren und Augen. Bitte nehmen Sie immer einen sauberen Bausch.

▶ *Die Auswahl der benötigten Pflegewerkzeuge hängt von Fellart und -länge Ihres Kätzchens ab.*

Krallenzangen: Eine herkömmliche Nagelzange ist meist die sicherste Wahl.

Bürsten

Das Bürsten sollte für Ihr Kätzchen eine angenehme Erfahrung sein. Platzieren Sie es auf Ihrem Schoß oder auf einem Tisch und bürsten Sie sanft und behutsam zunächst über seinen Rücken, dann über Beine, Kopf, Bauch und Schwanz. Beobachten Sie das Kätzchen genau und hören Sie auf, wenn Sie spüren, dass es nervös oder ängstlich wird.

Kämmen

Kämmen Sie das Fell immer in Wuchsrichtung und zerren Sie nicht daran. Schneiden Sie verfilzte Knoten lieber ab, statt eine Verletzung mit dem Kamm zu riskieren.

Die Verwendung eines Handschuhs

Mit einem weichen Handschuh können Sie dem Fell Ihres Kätzchens gesunden Glanz verleihen. Streicheln Sie es damit einfach in Wuchsrichtung des Fells.

Reinigen der Ohren

Es ist fast nie nötig, die Ohren einer Katze zu säubern. Wenn sie schmutzig aussehen oder riechen, hat das Tier vermutlich eine Ohrenentzündung, die vom Tierarzt behandelt werden muss. Schieben Sie nie Watte, Wattestäbchen oder Ähnliches ins Ohr. Das Innere der Ohrmuschel kann mit Babyöl oder einem feuchten Wattebausch ausgewischt werden.

Reinigen der Augen

Manche Katzen, besonders flachgesichtige Rassen, neigen zu Tränenflecken unter den Augen, die manchmal schwierig zu entfernen sind, da sie sich dicht am Auge befinden. Wischen Sie sie mit feuchter Watte ab oder fragen Sie im Hunde- und Katzensalon nach einem speziellen Mittel.

Reinigen der Zähne

Zahnfäulnis und Zahnfleischbeschwerden – vor allem durch das Futter verur-

KATZE UND MENSCH

sacht – plagen viele Hauskatzen. Durch gute Zahnhygiene lassen sie sich jedoch deutlich verbessern. Mindestens einmal in der Woche sollten die Zähne gereinigt werden. Besser wäre jeden Tag, aber für die meisten Besitzer ist das unrealistisch. Wenn Sie die Zähne Ihrer Katze reinigen wollen, beginnen Sie damit so früh wie möglich, um das Tier daran zu gewöhnen. Verwenden Sie Katzenzahnpasta und am besten eine Handzahnbürste, um Zähne und Zahnfleisch gründlich zu reinigen.

Mit etwa fünf Monaten verliert das Kätzchen die Milchzähne. Überprüfen Sie mindestens einmal wöchentlich sein Maul. Sie sollten wissen, wie es in gesundem Zustand aussieht, um Zahnfleischentzündungen und Geschwüre früh zu erkennen.

Baden

Katzen müssen nur in Ausnahmefällen baden. Manchmal ist es jedoch nötig, um sie für eine Ausstellung vorzubereiten, Verunreinigungen zu entfernen oder eine medizinische Hautbehandlung vorzunehmen.

Wenn Sie Ihr Kätzchen baden wollen, sollte alles, was Sie dazu brauchen, bereitliegen. Abgesehen von bestimmten Rassen, etwa der Türkischen Van-Katze, finden die meisten Kätzchen baden schrecklich und eingeschäumt zu werden noch schrecklicher!

Am besten benutzen Sie eine Waschschüssel mit warmem Wasser und ein spezielles Katzenshampoo, das hinterher ganz ausgewaschen werden muss. Halten Sie Ihr Kätzchen mit einer Hand fest und machen Sie es mit der anderen nass. Hüllen Sie es danach in ein Handtuch, trocknen Sie es so gut wie möglich ab und bringen Sie es an einen warmen Ort, bis das Fell nicht mehr nass ist. Mit einem Fön freunden sich nur die wenigsten Kätzchen an!

Krallen schneiden

Für Katzen und Katzenkinder, die draußen wie drinnen ein aktives Leben führen, ist das Schneiden der Krallen meist überflüssig. Bei manchen Katzen aber – hauptsächlich bei solchen, die sich nur im Haus aufhalten – ist es notwendig. Gekappte Nägel richten auch beim Kratzen an Möbeln weniger Schaden an.

Wollen Sie die Krallen selbst schneiden, gewöhnen Sie das Kätzchen zuerst an Aussehen und Geruch der Nagelzange und daran stillzuhalten, wenn Sie seine Pfote nehmen und die Krallen vorsichtig hervorziehen, um die Spitzen gut zu sehen.

Kappen Sie nur die äußerste Spitze der Kralle. Man kann später immer noch etwas mehr abschneiden, aber wenn Sie dem Kätzchen wehtun oder es verletzen, wird es lange vor Pflegehandlungen zurückschrecken.

▶ *Das Schneiden der Krallen erfordert Geduld und Übung.*

▼ *Verwenden Sie eine weiche Bürste, um Ihr Kätzchen an die Fellpflege zu gewöhnen.*

KATZE UND MENSCH

Hygiene und Katzentoiletten

Katzen sind bekannt für ihre Sauberkeit, sie verbringen viel Zeit mit Putzen. Wenn es um den Ort geht, an dem sie ihr Geschäft verrichten, sind sie besonders penibel, manchmal kann schon die kleinste Unzufriedenheit zu einer Änderung ihrer Verdauungsgewohnheiten führen – das kann erhebliche Probleme bei der Erziehung zur Stubenreinheit zur Folge haben.

Katzentoiletten

Die einfachste Ausführung des Katzenklos ist eine offene Plastikwanne, die Komfortableren haben Deckel, Wände und eine Katzentür als Eingang, wieder andere sind mit einem selbstreinigenden Boden ausgestattet, der verschmutztes Streumaterial herausfiltert.

Katzenstreu

Studien haben bewiesen, dass die meisten Katzen lockeres Streumaterial in der Katzentoilette bevorzugen. Diese Art von Streu ist weich, saugfähig und lässt sich leicht über Urin und Kot scharren. Auch tonhaltige Streus sind sehr

◄ *Viele kleine und große Katzen bevorzugen die Geborgenheit einer Katzentoilette mit Abdeckung.*

▶ *Feine lockere Teilchen (rechts) sind das beliebteste Streumaterial.*

beliebt. Holzspäne sind zu leicht und landen oft neben der Toilette. Einige Streus enthalten duftende oder desodorierende Zusätze, die jedoch zu Hautirritationen an den Pfoten führen können. Ihr Geruch ist außerdem den meisten Katzen zu stark.

Wie viele Katzentoiletten?

Die Anzahl der Katzentoiletten hängt von der Zahl Ihrer Katzen ab und davon, ob sie ihr Geschäft draußen erledigen können. Wenn sie geimpft sind und nach draußen dürfen, ziehen die meisten Kätzchen diese Möglichkeit vor, da sie ihr Zuhause so sauber wie möglich halten wollen.

Als Faustregel gilt ein Katzenklo pro Katze in der Wohnung plus ein Reserveklo. Das mag viel erscheinen, besonders wenn man mehrere Katzen hat, aber wenn mehrere Toiletten zur Verfügung stehen, beugen Sie den stressbedingten Verhaltensproblemen vor.

Standort der Katzentoilette

Katzenklos sollten unbedingt ruhig stehen, weit entfernt vom familiären Treiben und außer Reichweite von neugierigen Hunden und Kindern. Hunde lieben Katzenkot und manche stürzen sich sogar auf Kätzchen, die ihr Geschäft verrichten wollen!

Sie sollten auch nicht zu nah beim Fress- und Schlafplatz aufgestellt werden. Wer schläft und isst schon gern neben der Toilette? Ist dem Kätzchen die Entfernung nicht groß genug, macht es lieber woanders hin!

Denken Sie auch daran, dass Ihr Kätzchen zu jeder Tages- und Nachtzeit Zugang zum Katzenklo bzw. nach draußen haben muss.

Wie häufig sollte man die Katzentoilette reinigen?

Dies richtet sich nach der einzelnen Katze, aber die meisten mögen am liebsten eine Toilette, die stets blitzsauber ist. Manche Katzen machen lieber auf den Teppich als in eine schmutzige Toilette, andere wollen kein Klo mehr benutzen, wenn vorher eine andere Katze darin war.

Manche Kätzchen müssen erst lernen, wozu die Toilette gut ist. In diesem Fall können Sie ein Stück zuvor beschmutzte Zeitung hineinlegen, um die richtige Geruchsassoziation zu erzeugen.

Gesundheit des Menschen und Hygiene

Ein gesundes Kätzchen, das regelmäßig entwurmt wird, ist selbst bei engstem Kontakt nur ein sehr geringes Gesundheitsrisiko für den Menschen. Schwangere sollten jedoch nicht die Katzentoilette ausleeren, oder nur mit Gummihandschuhen, um das mögliche Risiko einer Toxoplasmoseansteckung zu vermeiden (vgl. S. 64 und S. 132).

Katzen verrichten ihr Geschäft gern im Sand. Decken Sie Sandkästen also ab, damit sie nicht zweckentfremdet werden.

KATZE UND MENSCH

Kennzeichnung

Anders als Hunde müssen Katzen keine Kennzeichnung tragen, die auf ihren Besitzer hinweist. Falls sie jedoch irgendwo zu Schaden kommen oder sich verlaufen, können sie nur mit Hilfe einer Kennzeichnung zurückgebracht werden. Es gibt drei Arten der Tierkennzeichnung, jede hat Vor- und Nachteile.

Halsband und Kennmarke

Dies ist die einfachste und augenfälligste Methode der Kennzeichnung. So sieht jeder gleich, dass die Katze jemandem gehört, und es wird verhindert, dass ein wohlmeinender Katzenfreund sie für einen Streuner hält und mit nach Hause nimmt, statt sie dem rechtmäßigen Besitzer zurückzubringen! Ein Halsband signalisiert auch, dass eine Katze gut versorgt ist. Es kann sogar eine Aufschrift tragen wie die Bitte, das Tier zum Tierarzt zu bringen, wenn es verletzt ist, mit dem Hinweis, dass die Rechnung vom Halter bezahlt wird.

Viele Katzen verletzen sich durch Halsbänder, bisweilen tödlich. Am häufigsten sind Kiefer- oder Beinverletzungen, wenn die Katze ein

▶ Das Anbringen einer Kennmarke an einem Sicherheitshalsband ist eine sinnvolle Vorsichtsmaßnahme.

▲ *Eine Tätowierung, wie sie im rechten Ohr dieser Katze zu sehen ist, ist eine dauerhafte Form der Kennzeichnung.*

Vorderbein durch das Halsband gesteckt hat und sich nicht befreien kann. Andere Verletzungen entstehen, wenn das Halsband beim Springen von Bäumen, Zäunen usw. irgendwo hängen bleibt. Dabei kann die Katze sogar hilflos ersticken.

Die beste Lösung sind hier Halsbänder, die sich unter Spannung dehnen oder reißen. Einige der neuen Halsbänder mit »Sollbruchstelle«, die sich bei zu großer Belastung automatisch öffnen, sind sehr gut. Stretch-Halsbänder sind mit einem elastischen Einsatz versehen, so dass die Katze den Kopf selbst herausziehen kann, wenn sie irgendwo hängen bleibt. Man muss dann zwar ein neues Halsband kaufen, aber das sollte einem die Sicherheit seines Haustiers wert sein.

Es gibt auch Halsbänder aus reflektierendem Material, die von Auto- und Motorradfahrern gut zu sehen sind und so für mehr Sicherheit im Dunkeln sorgen.

Chipkennzeichnung

Bei der Chipkennzeichnung wird mit einer Hohlnadel ein etwa reiskorngroßer Mikrochip unter der Haut der Katze implantiert, meist zwischen den Schulterblättern. Er trägt eine Seriennummer, die mit einem Scanner gelesen werden kann und im Computer des Herstellers registriert ist, um den Besitzer zu ermitteln. Die meisten Katzen überstehen die Prozedur problemlos, aber bei sehr jungen Tieren sollte man lieber noch warten.

Diese Methode ist als dauerhafte Kennzeichnung relativ zuverlässig, allerdings nur, wenn der Finder die Katze scannen lässt! Äußerlich gibt es keinen Hinweis auf eine Kennzeichnung, und an einen Mikrochip denkt der Finder vielleicht nicht.

Tätowieren

Tätowieren ist in einigen Ländern üblich, um Katzen zu kennzeichnen. Dabei wird mit Tinte eine Kennnummer unter die Haut gespritzt, bei Katzen meist am Ohr. Unter Umständen ist eine Narkose erforderlich.

Bei Fragen zur Registrierung empfiehlt es sich auch, den Tierarzt in ihrer Nähe oder das Haustierzentralregister (TASSO) zu konsultieren (Tel.: 0 61 90-93 22 14, Fax: 0 61 90-59 67, E-Mail: tasso@tiernotruf.org).

KATZE UND MENSCH

Sicherheit im Haus

Verbreitete giftige Zimmerpflanzen
Alpenveilchen
Amaryllis
Azalee
Begonie
Chrysantheme
Dieffenbachie
Doldiger Milchstern
Efeu
Efeutute (Buntes Herzblatt)
Farne
Ficus, Feigenbaum-Arten
Hyazinthe
Korallenbäumchen
Kroton, Wunderstrauch
Oleander
Philodendron
Rizinus (Wunderbaum)
Spathiphyllum
Weihnachtsstern
Wolfsmilch
Zimmerkalla

Pflanzen

Katzen suchen nicht wie Allesfresser nach essbaren Pflanzen, aber junge Kätzchen sind eben sehr neugierig. Verspielte oder gelangweilte Katzenkinder kommen deshalb schnell auf die Idee, an Zimmerpflanzen zu knabbern. Pflanzen mit weichen Blättern sind am verlockendsten, und einige, etwa Dieffenbachie und Alpenveilchen, sind besonders giftig. Manche Pflanzen können Hautirritationen verursachen, besonders wenn sich das Kätzchen in den Blättern gewälzt hat und mit Pflanzensaft in Berührung gekommen ist. Fragen Sie im Zweifelsfall Ihren Tierarzt und zeigen Sie ihm Blätter der entsprechenden Pflanze.

▼ *Das Fressen einiger Zimmerpflanzen kann tödliche Folgen für Ihr Kätzchen haben, andere sind harmlos.*

▲ Mögliche Gefahren an Feiertagen: Weihnachtsschmuck oder Schokolade

Fenster und Balkone

Katzen sind meist äußerst vorsichtig und wissen genau, wo und wie sie balancieren können. Schon mit 12 Wochen ist ihr Stellreflex voll ausgebildet, der normalerweise dafür sorgt, dass sie nach einem Fall auf ihren vier Pfoten landen.

Manchmal geht jedoch etwas schief, und wenn Kätzchen aus großer Höhe vom Balkon oder aus dem Fenster fallen, kann das ernste Folgen haben. Oft lassen sich hoch gelegene Fenster nur sichern, indem Sie sie geschlossen halten oder mit einem Sicherheitsnetz versehen.

Fremdkörper

Es kommt nur selten vor, dass Katzen gefährliche Gegenstände oder Substanzen verschlucken, aber mit ein paar Dingen müssen sich Tierärzte häufiger beschäftigen. Nähgarn etwa, als Spielzeug unwiderstehlich, kann sich um die Gedärme wickeln. Auch Kassettenband ist oft nur operativ zu entfernen, und Gummiband kann zu Darmverschluss führen.

Bisweilen nehmen Katzen bei der Fellpflege gefährliche Substanzen auf, im Haus sind das oft Kaugummi oder Tannennadeln!

Chemische Substanzen werden selten verschluckt, können aber auch von Fell oder Pfoten abgeleckt werden, wenn das Kätzchen hindurchgelaufen ist. Teer, Farbe und Haushaltsreiniger sind hier die häufigsten Risiken.

Verstecke

Kätzchen verstecken sich oft gern an kleinen, dunklen Plätzen in der Wohnung, unter anderem in Waschmaschinen, Wäschetrocknern und sogar Kühlschränken. Gefahren lauern in Schränken, wo das Tier zwischen Haushaltschemikalien einschlafen oder an Arzneiverpackungen knabbern kann. Selbst harmlose Medikamente wie Aspirin sind für Katzen hochgiftig und dürfen für sie keinesfalls zugänglich sein. Durch Kindersicherungen an Schranktüren und besondere Vorsicht beim Einschalten elektrischer Haushaltsgeräte können Sie viele Risiken ausschließen.

KATZE UND MENSCH

Sicherheit im Freien

Wenn Sie Ihr Kätzchen nach draußen lassen, ist es dort weniger natürlichen Gefahren ausgesetzt als vielmehr Gefahren durch Menschen. Auf der Straße kommen mehr Katzen ums Leben als durch giftige Pflanzen oder Stürze von Bäumen, obwohl auch das vorkommt. Am vernünftigsten ist es, das Kätzchen nachts im Haus und nur tagsüber nach draußen zu lassen, wenn Katzen auf der Straße besser gesehen werden. Nachts ist auch die Wahrscheinlichkeit größer, dass sie sich beim Jagen auf unbekanntes, womöglich gefährliches Terrain begeben.

Gartenpflanzen

Obwohl es viele giftige Gartenpflanzen gibt, ist es unwahrscheinlich, dass Ihr Kätzchen sich daran vergreift. Draußen sind Katzen meist mit anderen Dingen beschäftigt und kommen gar nicht auf die Idee, an Bäumen oder Pflanzen zu knabbern. Zudem sind sie von Natur aus wählerisch und daher ganz gut vor diesen Risiken geschützt.

Chemikalien

Verschüttete oder leicht zugängliche Chemikalien können eine unwiderstehliche Versuchung sein. Die meisten Kätzchen verstecken sich gern in Garagen oder Außentoiletten. Dabei riskieren sie nicht nur, eingesperrt zu

◄ *Teiche sollten mit Netzen gesichert werden, um die Gefahr des Ertrinkens auszuschalten.*

▲ *Auch Flora und Fauna können Gefahren bergen. Fragen Sie Ihren Tierarzt nach örtlichen Wildtieren und Pflanzen.*

werden, sondern kommen auch oft in Kontakt mit Frostschutzmitteln, Rattengift oder Schneckenkorn, die sie womöglich für ein Spielzeug halten.

Andere Tiere

Katzen sind Fluchttiere, das heißt, bei Bedrohung fliehen sie eher statt anzugreifen. So kommen sie normalerweise immer davon. Katzenkinder sind jedoch klein und verwundbar. Werden sie etwa von einem Hund gejagt, verlieren sie leicht die Orientierung, was eine sichere Heimkehr erschwert. Andere Katzen sind oft noch gefährlicher, denn Katzenkämpfe führen oft zu eingerissenen Ohren, Bisswunden im Schwanz oder Abschürfungen und daraus resultierenden Abszessen. Gehen Sie mit Ihrem verletzten Stubentiger in jedem Fall zum Tierarzt, um gefährliche Infektionen zu vermeiden!

Mancherorts sind Wildtiere eine Gefahr. Erkundigen Sie sich bei ihrem Tierarzt ruhig nach örtlichen Risiken.

Beim »Spielen« mit Bienen oder Wespen werden Kätzchen manchmal gestochen. Das ist zwar schmerzhaft, aber nur gefährlich, wenn die Insekten geschluckt werden – scheuen Sie auch in diesem Fall nicht den Gang zum Tierarzt.

Auch Frösche und Kröten kann ein junges Kätzchen für Spielzeug halten. Wenn ein Kätzchen eine Kröte beißt oder aufhebt, kann es leicht eine böse Überraschung erleben, auf die meist eine gehörige Spucksalve folgt, denn Kröten haben oft eine leicht giftige Schleimschicht. Sie sollten zum Tierarzt gehen, wenn Ihr Kätzchen nach einem solchen Kontakt unter Atemnot leidet oder krank aussieht.

KATZE UND MENSCH

Nach draußen gehen

Wenn das Kätzchen nach draußen darf

Erst nach allen nötigen Impfungen darf ein Kätzchen zum ersten Mal ins Freie. Auch wenn das schon beim Züchter erledigt wurde, sollten Sie es noch drei bis vier Wochen im Haus lassen, damit es sich akklimatisieren und so bei seinen ersten Ausflügen draußen besser orientieren kann. Die Bindung an das neue Zuhause ist dann so stark, dass es hierher zurückkehren will.

Der erste Ausflug ins Freie kann nervenaufreibend sein, denn Katzen sind geschickte Ausreißer. Selbst wenn Ihr Garten gut eingezäunt ist, findet Ihr Kätzchen ganz bestimmt schnell einen Weg zu entkommen. Wie sicher es dann ist, hängt von Ihrer Wohngegend und dem Wagemut des Kätzchens ab.

Wirksame Zäune

Katzen sind ausgezeichnete Kletterer. Selbst ein drei Meter hoher Zaun ist schnell erklommen und also keine Garantie, dass Ihre Katze im Garten bleibt. Ein Zaun, der oben nach innen gebogen ist, bietet schon besseren Schutz, obwohl manche Katzen auch dieses Hindernis überwinden.

Liegt Ihre Wohngegend in der Nähe einer dicht befahrenen, gefährlichen Straße, müssen Sie das Tier an der Leine führen oder ihm ein Außengehege bauen, das an den Seiten und oben mit Maschendraht gesichert ist.

Der erste Ausflug ins Freie

Lassen Sie Ihr Kätzchen früh am Tag nach draußen. So hat es genug Zeit, seine Umgebung zu erforschen und noch vor Dunkelheit nach Hause zu kommen. Ihr Kätzchen sollte beim Verlassen des Hauses hungrig sein. Wenn Sie vorher noch stark riechendes Essen kochen, wird es bald zum Fressen zurückkommen.

Öffnen Sie die Tür und hocken Sie sich draußen hin, das gibt Ihrem Kätzchen bei seinen ersten Schritten ins Freie Sicherheit. Lassen Sie es selbst nach draußen gehen, statt es zu tragen. Drüsen zwischen den Zehen des Kätzchens hinterlassen eine Duftspur, der sie beim Heimweg folgen können.

◀ *Visuelle Eindrücke, Geräusche und Gerüche der freien Natur sind faszinierend.*

▶ *Die Erforschung des Gartens gehört zur Entwicklung des Kätzchens.*

▲ *Selbstsichere Kätzchen lernen schnell, nach Belieben ein und aus zu gehen.*

Gehen Sie mit dem Kätzchen durch den Garten und reden Sie mit ihm. Nach ein paar Minuten fordern Sie es auf, Ihnen ins Haus zu folgen, wo Sie es sofort füttern. Wenn Sie das einige Tage geübt haben, gewinnt das Kätzchen an Selbstvertrauen. Wenn es schon auf Zuruf zu Ihnen kommt (S. 100), wird es Ihnen gern ins Haus folgen, wo es Futter oder eine andere Belohnung erhält. Seien Sie nicht zu ängstlich, sondern haben Sie Vertrauen zu Ihrem Kätzchen, wenn es bisherige Grenzen überschreitet.

Wägen Sie die Gefahren, die es draußen für Ihr Kätzchen gibt, sorgfältig gegen seine psychischen und physischen Bedürfnisse ab. Katzen müssen laufen, jagen, springen, in der Sonne sitzen, sich eben wie Katzen benehmen – und der Aufenthalt im Freien trägt erheblich zu ihrer Lebensqualität bei.

▶ *Es kann anstrengend sein zu lernen, wie man durch eine Katzentür ins Freie gelangt.*

1. Ihr Kätzchen muss verstehen, dass die Katzentür sowohl Ein- als auch Ausgang ist. Öffnen Sie sie ganz, indem Sie etwas in das Scharnier klemmen, damit Ihr Kätzchen durch das Loch durchschauen kann.
2. Beginnen Sie mit dem Üben, wenn Ihr Kätzchen draußen ist, damit es ins Haus kommen kann, das Sicherheit und Geborgenheit bietet. Bitten Sie jemanden, Ihr Kätzchen vor der Tür zu halten, während Sie es auffordern, hereinzukommen, indem Sie es mit einem Leckerchen locken und beim Namen rufen. Geben Sie Ihrem Kätzchen die Belohnung, sobald es durch die Klappe kommt. Machen Sie diese Übung mehrmals.
3. Beherrscht das Kätzchen es, durch das Loch ins Haus zu kommen, beginnen Sie umgekehrt, es ins Freie zu locken.
4. Geht Ihr Kätzchen ohne Angst durch die Klappe ein und aus, können Sie diese ein wenig schließen, zunächst halb. Ermutigen Sie Ihr Kätzchen, an die Barriere zu stupsen, um zu Ihnen und seinem Leckerchen zu gelangen.
5. Wenn das Kätzchen in beide Richtungen gegen die halb geöffnete Klappe stupsen kann, schließen Sie sie weiter. Die meisten Katzen lernen das Ganze schnell und können bald auch die geschlossene Klappe öffnen.

Gewöhnung an eine Katzentür

Der Einbau einer Katzentür hat Vor- und Nachteile. Wenn Ihr Kätzchen damit umzugehen gelernt hat, kann es nach Belieben kommen und gehen, was eine Katzentoilette im Haus weitgehend überflüssig macht, da die meisten Katzen ihr Geschäft lieber draußen verrichten. Hat Ihr Kätzchen zunächst Angst vor der Klappe, nehmen Sie sich Zeit, mit ihm zu lernen, sie zu benutzen (s. Textkasten links).

Wie immer bei der Erziehung sollten Sie schrittweise vorgehen und sich nach dem Lerntempo des Kätzchens richten. Schieben Sie es nie mit Gewalt durch die Klappe oder drücken es mit Pfoten und Kopf dagegen, um ihm zu zeigen, wie es geht. Dadurch würde es nur noch mehr Angst bekommen.

Kein Ausgang

Wenn Sie Ihr Kätzchen nachts oder zu anderen Zeiten im Haus behalten wollen, sollten Sie ihm signalisieren, wann der Ausgang versperrt ist. Eine Katze versteht nicht, warum sich die Klappe nicht öffnen lässt, wo es doch kurz zuvor noch wunderbar funktioniert hat!

Ein »Signal« neben oder über der Katzenklappe kann hier eine sinnvolle Maßnahme sein. Assoziiert die Katze dieses mit der geschlossenen Klappe, wird sie nicht mehr versuchen, sie zu öffnen. Als Signal kann etwa ein neben oder über der Klappe aufgehängtes Handtuch dienen oder eine Holzleiste, die die Klappe versperrt. Das Ganze funktioniert aber nur, wenn Sie das Signal jedesmal beim Verriegeln der Klappe anbringen und beim Öffnen dann wieder entfernen.

KATZE UND MENSCH

Eine Wohnungskatze bei Laune halten

Wenn Ihr Kätzchen nicht nach draußen darf, weil Ihnen die Risiken zu groß sind oder Verhaltensprobleme dagegen sprechen, müssen Sie durch ausreichende Beschäftigungsmöglichkeiten in der Wohnung ausgleichen. Reine Wohnungskatzen, die ein langweiliges, anregungsarmes Leben führen, leiden oft unter Verhaltensproblemen, besonders wenn sie einen Großteil des Tages allein verbringen. Ohne Gesellschaft muss die Zeit zwischen Frühstück und Abendessen endlos sein, und diese Katzen brauchen unbedingt Beschäftigung.

Spaß mit einem Freund

Mit einem Freund ist das Leben zweifellos schöner! Wenn Sie Ihre Katze ausschließlich in der Wohnung halten, wo sie tagsüber viel allein ist, wäre es ratsam, gleich zwei Kätzchen aus demselben Wurf zu nehmen. Am besten verstehen sich Bruder und Schwester, aber auch gleichgeschlechtliche kastrierte Geschwister können die besten Freunde werden. Wenn das nicht geht, überlegen Sie, wie viel Zeit Sie nach der Arbeit haben, um sich Ihrem Kätzchen zu widmen. Intensive Beschäftigung mit ihm ist in diesem Fall noch wichtiger.

◀ Reine Wohnungskatzen brauchen Anregung und Zuneigung, sonst stellen sich Verhaltensprobleme ein.

Futterspielzeug

Verschiedene kommerzielle Spielzeuge regen Ihre Katze zum Spielen an, zum Beispiel mit Trockenfutter gefüllte Puzzlebälle oder -würfel, bei denen sie lernen muss, an dieses Futter zu gelangen. Auch in ihrer natürlichen Umgebung müssen Katzen für ihr Fressen arbeiten, indem sie Beute aufspüren und jagen, und diese Tätigkeiten werden durch solche Spielzeuge simuliert.

Immer etwas Neues

Kätzchen spielen meist gern mit Schnüren, Bällen und an Stäben befestigten Federn. Aber wenn keiner da ist, um sie interessant zu machen, wie viel spielt Ihr Kätzchen dann wohl damit?

Das Geheimnis ist der Reiz des Neuen. Damit Ihr Kätzchen aktiv bleibt und genug Anregungen erhält, geben Sie ihm jeden Tag ein neues Spielzeug. Das fördert seine Abenteuerlust und muss nicht teuer oder schwer zu verwirklichen sein. Ein offener Karton kann zunächst als Abenteuerspielplatz dienen und später, herumgedreht und mit einer ausgeschnittenen Tür, zum Versteckspiel. Auch ein darunter versteckter Ball ist anregend. Mit der Öffnung nach oben kann das Kätzchen darin dem Ball stundenlang nachjagen.

Wenn die Katze einen Tag lang mit etwas gespielt hat, legen Sie es ein oder zwei Wochen weg, um es dann in abgewandelter Form erneut anzubieten. Ihr Kätzchen mag sich daran erinnern, aber es wird ihm nie zu vertraut und damit langweilig werden.

Kratzbäume zum Klettern

Wollen Sie Ihrem Kätzchen einen großen Kratzbaum anbieten, planen Sie dreidimensional. Draußen würde Ihr Kätzchen lauern, jagen, rennen und springen, aber auch klettern und über Zäune, Mauern und Äste balancieren.

Im Handel gibt es verschiedene Kratzbäume, mit deren Hilfe Ihre Katze all das in der Wohnung simulieren kann. Manche reichen bis zur Decke und haben Stufen und Ruheflächen, andere werden an der Wand befestigt, damit Ihr Kätzchen sicher klettern und springen kann. Geeignete Kratzbäume sind recht teuer und selbst gebastelte Versionen oft genauso gut.

▲ *Eine Vielzahl von gekauftem oder selbstgemachtem Spielzeug hält Ihre Katze bei Laune.*

◀ *Zu zweit macht das Spielen noch mehr Spaß.*

Videofilme

Wenn Sie trotz all dieser Dinge den Eindruck haben, dass Ihr Kätzchen einsam und gelangweilt ist, können Sie Ihm sogar Videokassetten kaufen! Sie zeigen Bilder, die Katzen lieben – Goldfische schwimmen über den Bildschirm, Motten flattern umher – und sind auch für Katzenohren vertont. Das perfekte Geschenk für die Katze, die schon alles hat!

KATZE UND MENSCH

Die Wahl einer Katzenpension

Vielleicht können Sie sich nicht gut vorstellen, Ihre Katze bei Fremden zu lassen, während Sie auf Reisen sind. Aber wenn Sie eine gute Katzenpension gefunden haben, an die Sie Ihr Kätzchen möglichst frühzeitig gewöhnen sollten, besteht kein Grund zur Sorge. Da gute Katzenpensionen besonders in den Sommerferien und über Feiertage schnell ausgebucht sind, sollten Sie früh einen Platz reservieren.

Die richtige Katzenpension finden

Am besten hören Sie sich bei anderen Katzenhaltern um, wenn Sie eine gute Ferienunterkunft für Ihr Tier suchen. Dennoch sollten Sie sich die Pension,

> **Checkliste**
> ● Plätze, an denen Katzen untergebracht sind, sollten nicht riechen, sauber und ordentlich und alle Oberflächen trocken sein.
> ● Katzen sollten Gelegenheit haben, sich auf irgendeinem Vorsprung zu sonnen, auszuruhen oder ihre Umwelt zu beobachten. Das verleiht ihnen Sicherheit.
> ● Der Schlafplatz der Katzen sollte möglichst weit von der Katzentoilette entfernt sein, ebenso die Futternäpfe.
> ● Die Katzen sollten jeweils ein mit Maschendraht versehenes, windgeschütztes Außengehege haben und nicht ein gemeinsames großes Gehege.
> ● Achten Sie auf Lärm und meiden Sie Pensionen, in denen Katzen nahe bei Hundezwingern untergebracht sind. Sie könnten sich vor dem Gebell ängstigen.
> ● Eine Heizmöglichkeit ist unverzichtbar, am besten Infrarot-Wärmelampen über dem Schlafplatz. Auch Spielzeug sollte da sein.

ihre Ausstattung und die Art der Unterbringung auch selbst ansehen. In guten Katzenpensionen wird man Sie gern herumführen.

Die Katzen sollten stets getrennt voneinander untergebracht sein, um Ansteckungsgefahr und Aggressionen zu vermeiden.

Was eingepackt werden muss

Am allerwichtigsten ist der Impfpass. Die Mitarbeiter der Pension sollten ihn auf alle Fälle genau prüfen und nur Katzen aufnehmen, die gegen alle ansteckenden Krankheiten geimpft sind.

Vergessen Sie auch Medikamente nicht, die Ihr Kätzchen braucht. Informieren Sie den Betreiber der Pension über die richtige Dosierung und fragen Sie, ob für die Verabreichung von Medikamenten oder Spezialnahrung eine zusätzliche Gebühr erhoben wird, was manchmal der Fall ist.

Manchmal wird es gern gesehen, wenn Sie ein Kleidungsstück oder Handtuch mit dem Geruch ihres Haushalts dalassen, um Ihr Kätzchen während Ihrer Abwesenheit zu beruhigen. Auch Spielzeuge sind meist willkommen, so lange sie nicht gefährlich für ein unbeaufsichtigtes Tier werden können.

◀ *Kätzchen gewöhnen sich in der Regel ganz gut an einen kurzen Aufenthalt in einer Tierpension.*

▲ *Wenn Sie mehrere Katzen haben, sollten sie in derselben Pension untergebracht werden.*

Alternativen

Wenn Sie Ihre Katze nicht in einer Pension unterbringen mögen, können Sie einen Haussitter engagieren, der sich nicht nur um die Katze, sondern auch um Haus und Garten kümmert, während Sie weg sind.

Für Katzen, die sehr fixiert auf ihre Besitzer sind, kann es jedoch quälender sein, mit einem Fremden zu Hause zu sein als in einer Katzenpension. Katzen betrachten ihr Zuhause als Sicherheitszone, und ein Fremder in der Wohnung kann sie verunsichern und ängstigen.

KATZE UND MENSCH

Verhalten

Wie junge Katzen lernen

Alle intelligenten Lebewesen müssen lernen. Während Hundehalter meist sehen, dass sie ihre Welpen erziehen müssen, tun das nur wenig Katzenbesitzer. Stattdessen werden sie von den Katzen erzogen. Kätzchen lernen die Welt kennen, indem sie herausfinden, welches Verhalten belohnt wird und welches nicht. Ersteres werden sie sicher wiederholen – ob der Besitzer es nun billigt oder nicht!

Kätzchen sehen Belohnungen anders als wir. Die meisten Besitzer denken, dass sie ihr Kätzchen belohnen, indem sie es streicheln, kraulen, mit Leckereien verwöhnen und füttern. Aber für Katzen kann auch eine Entdeckungsreise, Freiheit, ein gestohlener Happen, Spielen, Aufmerksamkeit, selbst ein Blickkontakt eine Belohnung sein!

Wenn Ihre Katze spielen möchte, klettert sie vielleicht zum Spaß an Ihren Vorhängen hoch. Sie entdeckt oben ein loses Band und beschäftigt sich minutenlang damit, daran zu ziehen und den Stoff zu zerkratzen. Da sie das sehr lohnenswert findet, wird sie versuchen, es zu wiederholen.

Aber das ist noch nicht alles. Wenn Sie hereinkommen und sehen, was die Katze treibt, nehmen Sie sie von den Vorhängen weg, während Sie mit ihr

▶ *Hocherhobener Schwanz – eine klassische Begrüßungsgeste*

▲ *Mit wachen, aufmerksamen Augen schaut dieses Kätzchen neugierig in die Welt, bereit, sie kennen zu lernen.*

reden, um Ihre Verärgerung zu zeigen. Aber statt zu erkennen, dass Sie sich ärgern, genießt das Kätzchen die Aufmerksamkeit und hat gelernt, wie es diese wecken kann, wenn es sich das nächste Mal langweilt!

Auf diese Art lernen erwachsene Katzen viele problematische Verhaltensweisen. Katzen lieben Aufmerksamkeit – einige pressen Tränen hervor, um zu bekommen, was sie wollen, andere gebrauchen sogar Zähne und Krallen, um Blick- und Körperkontakt zu erzwingen.

Auch andere inakzeptable, unpassende Verhaltensmuster entwickeln sich durch unbeabsichtigtes Belohnen – ein Kätzchen, das auf die Anrichte klettert und dort das Mittagessen seines Besitzers findet, wird dieses Verhalten sicher wiederholen. Auch ein Kätzchen, das an einem verbotenen Ort uriniert, mag die anschließende Erleichterung so angenehm finden, dass es das wieder tun wird.

Bei aller Verwirrung gibt es eine simple Regel, nach der man Katzen erziehen sollte: Belohnen Sie alle Verhaltensweisen, die Sie mögen, und ignorieren oder unterbrechen Sie die, die Sie nicht mögen. Dieses Vorgehen, bei dem Kätzchen unglaublich schnell lernen, wird ihr zukünftiges Verhalten bestimmen.

Disziplin und Bestrafung

Katzen reagieren in jedem Alter sehr negativ auf Bestrafung. Sie sind Fluchttiere – bei den ersten Anzeichen einer Bedrohung würden sie lieber fliehen als sich der Herausforderung zu stellen. Bestrafung löst einen Bruch in der Beziehung zwischen Katze und Halter aus und reduziert das Vertrauen.

Strafen wie Schlagen, Schreien, Nasenstüber, Schütteln am Nackenfell sind also unbedingt zu vermeiden. Auf Dauer werden sie das Fehlverhalten Ihrer Katze nur verschlimmern und womöglich weitere stressbedingte Probleme hervorrufen. Wenn Ihre Katze ein Verhaltensproblem hat, lesen Sie die Seiten 102–119 oder fragen Sie Ihren Tierarzt nach einem entsprechenden Spezialisten.

KATZE UND MENSCH

Die Erziehung des Kätzchens

Wenn Sie Ihr Kätzchen erziehen, dann tun Sie dies in kleinen Schritten. Lassen Sie ihm Zeit und haben Sie Geduld. Wenn Ihr neuer, kleiner Mitbewohner nicht in der gewünschten Weise reagiert, stellen Sie sich die Situation aus seiner Perspektive vor. Vielleicht finden Sie so heraus, dass es etwas ganz anderes gelernt hat als das, was Sie wollten!

Auf Zuruf kommen

Dies ist eine äußerst nützliche Übung, die allgemein zur Sicherheit Ihrer Katze beiträgt. Wenn Sie sie aus dem Garten ins Haus rufen können, ist sie jederzeit aufzuspüren. So können Sie sich immer mit ihrem Haustier beschäftigen, wenn Sie es wünschen.

1. Auch bei Katzen geht Liebe durch den Magen! Rufen Sie Ihr Kätzchen zuerst zu sich, wenn Sie es füttern wollen.
2. Rufen Sie die Katze anfangs nur aus ein, zwei Metern Entfernung. Folgt sie, bekommt sie sofort ein Leckerchen.
3. Vergrößern Sie langsam die Entfernung, aus der Sie die Katze rufen, und belohnen Sie sie mit Lob, Aufmerksamkeit, einem Leckerchen oder Futter.
4. Rufen Sie Ihre Katze nie zu sich, um dann etwas Unangenehmes zu tun wie das Einsprühen mit Flohspray, Schneiden der Krallen oder Baden. Ihr Kätzchen bringt sonst die negative Erfahrung mit dem Rufen in Verbindung und bleibt in Zukunft lieber weg.

Auf Befehl sitzen

Warum sollte man einer Katze »Sitz« beibringen? Warum nicht?! Man kann Katzen ebenso leicht grundlegende Dinge beibringen wie Hunden, so

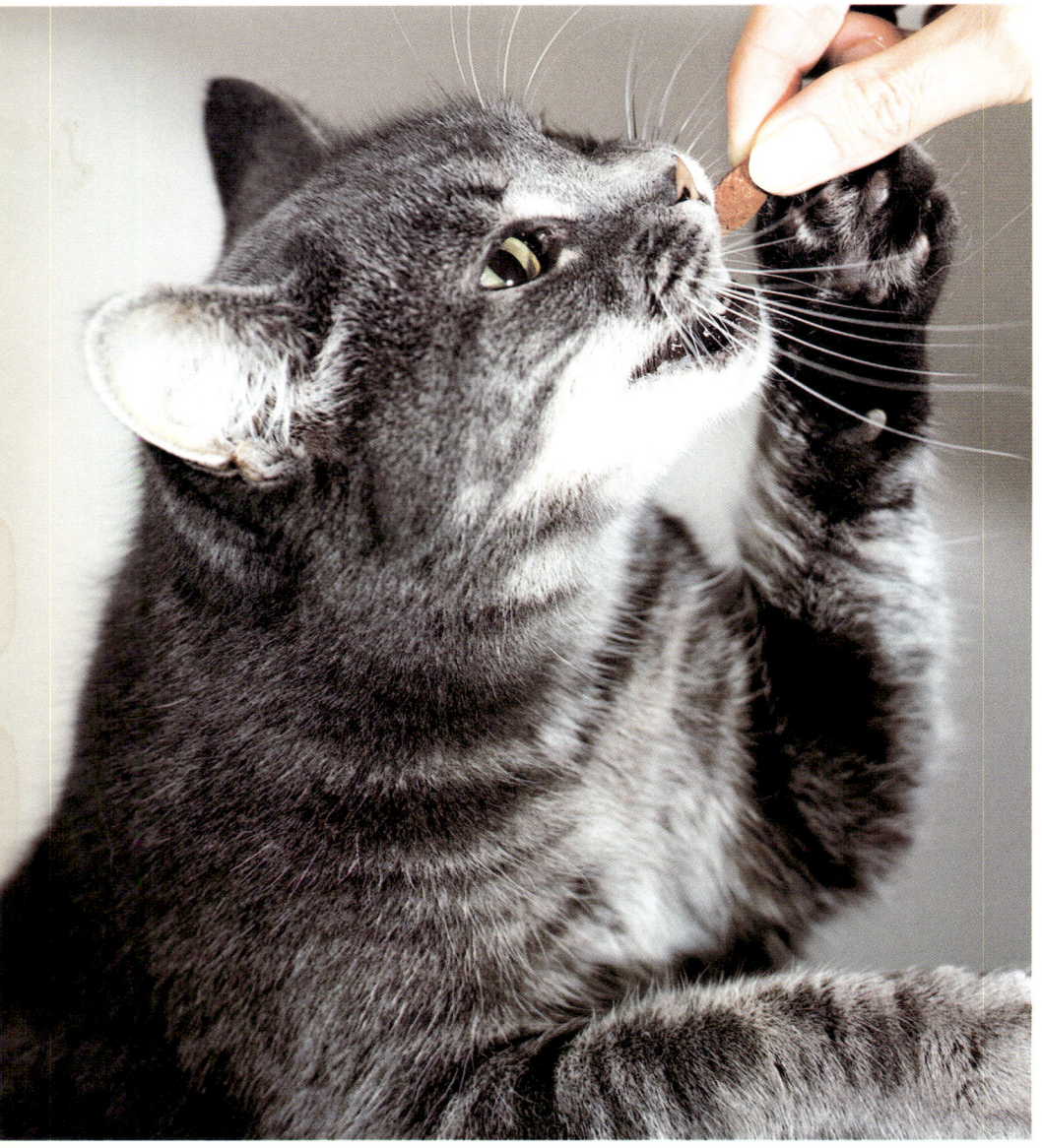

◀ Leckerchen dienen als Belohnung für gewünschtes Verhalten und verstärken die erzieherische Wirkung.

lange man mit Lob und Belohnungen arbeitet.

1. Wecken Sie die Aufmerksamkeit der Katze mit einem Leckerbissen.
2. Halten Sie diesen hoch über Ihren Kopf, damit sie zu Ihnen aufsehen muss.
3. Wenn sie ihren Kopf hebt, senkt sich das Hinterteil und berührt den Boden. Sagen Sie lobend »gut«, sobald das geschieht, und geben Sie ihr den Leckerbissen. Wenn die Katze hochspringt, um Ihre Hand zu erreichen, ignorieren Sie sie, bis sie wieder steht, dann locken Sie sie erneut.
4. Üben Sie in verschiedenen Situationen, bis Ihr Kätzchen sich verlässlich setzt, wenn Sie die Hand heben. Jetzt sagen Sie, kurz bevor es sich setzt, um seine Belohnung zu bekommen, »Sitz«.

Mit Geschirr und Leine gehen

Wenn es für Ihre Katze draußen alleine zu gefährlich ist, können Sie ihr beibringen, an der Leine zu gehen. Obwohl einige Katzen sich so gut daran gewöhnen, dass man mit ihnen durch die Stadt spazieren kann, ist es wohl realistischer, sich auf den eigenen Hof oder Garten zu beschränken.

▼ *Wenn Sie einen Leckerbissen über den Kopf Ihrer Katze halten, setzt sie sich automatisch hin.*

Katzen fürchten sich leicht, und auch das Tragen eines Geschirrs kann zunächst beklemmend sein. Haben Sie viel Geduld und lassen Sie Ihrem Kätzchen Zeit, sich an das Gefühl zu gewöhnen.

1. Legen Sie Ihrem Kätzchen das Geschirr zunächst ohne Leine an, am besten beim Spielen oder Füttern. Anfangs reichen ein paar Sekunden.
2. Verlängern Sie allmählich die Tragezeit des Geschirrs im Haus. Die Katze sollte beim Tragen entspannt sein, was eine Weile dauern kann.
3. Binden Sie eine kurze, leichte Schnur an das Geschirr, damit sie sich an das Gefühl gewöhnt, dass etwas daran befestigt ist.
4. Halten Sie das Ende der Schnur ganz locker, lassen Sie das Kätzchen einige Sekunden gewähren, wobei Sie es mit Leckerbissen locken können. Wenn es sich entfernen will, lassen Sie die Schnur los und folgen ihm.
5. Reißen Sie nie an der Leine, um Ihr Kätzchen zurückzuhalten, und erlauben Sie ihm nicht, mit der Schnur zu spielen.
6. Wenn Ihr Kätzchen sich gern an der Schnur führen lässt, tauschen Sie sie gegen eine leichte Leine. Üben Sie immer wieder kurze Zeit im Haus.
7. Bewegt sich Ihr Kätzchen ganz entspannt mit Geschirr und Leine, können Sie sich in den Garten wagen. Gehen Sie das Üben wieder langsam an und lassen Sie dem Kätzchen Zeit, sich an die neue Umgebung zu gewöhnen.

KATZE UND MENSCH

Verhaltensauffälligkeiten: Sauberkeit

Bei den meisten Verhaltensproblemen von Katzen geht es um Sauberkeit, wobei zwei Kategorien zu unterscheiden sind: Probleme bei der Stubenreinheit und Markieren. Beides kann medizinische Ursachen haben. Um das auszuschließen, sollte jede Katze, die an unerwünschten Stellen uriniert oder den Darm entleert, zum Tierarzt gebracht werden.

Probleme mit der Stubenreinheit

Katzen sind sehr penibel und in der Regel bemüht, ihr Heim sauber zu halten, und so ist ein »Missgeschick« in der Wohnung ein umso größeres Kümmernis für Halter und Katze!

Probleme bei der Stubenreinheit können mehrere Ursachen haben. Bringen die folgenden Ratschläge keine Besserung, empfiehlt es sich, schnell einen Verhaltensspezialisten aufzusuchen.

▼ *Die Anwesenheit eines anderen Tieres kann ein Kätzchen beim Benutzen der Katzentoilette ablenken.*

Mögliche Ursache: Das Kätzchen hat nie gelernt, sauber zu sein. Vielleicht konnte es den Gebrauch einer Katzentoilette und das Bedecken der Fäkalien mit Streu nie üben. Kätzchen, die in schlechter Umgebung geboren wurden und nie Gelegenheit hatten, sich an Streu zu gewöhnen, wollen sich oft an ruhigen, sicheren Orten entleeren.

Lösung: Bestrafen Sie Ihr Kätzchen nie, wenn es sich am falschen Ort entleert hat. Reinigen Sie die Stelle mit biologischem Reiniger, verwenden Sie geruchsbindendes Granulat, das Sie beim Tierarzt erhalten, und stellen Sie das Katzenklo, gefüllt mit lockerer, feinkörniger Streu an diesen Platz.

Legen Sie ein Stück zuvor beschmutztes Material in die Katzentoilette, um Geruchsassoziationen auszulösen. Manche Kätzchen fühlen sich in einer Toilette mit Abdeckung sicherer. Loben und belohnen Sie es schon für das Betreten der Toilette.

Mögliche Ursache: Das Kätzchen ist unzufrieden mit der Toilette, ihrem Standort oder der verwendeten Streu.

Lösung: Reinigen Sie die Stellen, die Ihr Kätzchen beschmutzt hat, gründlich mit einem biologischen Reinigungsmittel und geruchsbindendem Granulat. Stellen Sie das Katzenklo möglichst weit weg von Schlaf- und Fressplatz auf. Niemand schläft und isst gern neben der Toilette.

Versuchen Sie es mit einem anderen Klo. Manche Katzen mögen eine Abdeckung, andere eine Abdeckung und Seitenwände, große Katzen brauchen einfach eine größere Toilette!

Probieren Sie eine andere Streu aus. Feinkörniges, lockeres Material wird meist bevorzugt, aber sehr wählerische Katzen geben sich nur mit feinen Produkten auf Torfbasis oder Sand zufrieden.

Mögliche Ursache: Schlechte Erfahrungen mit dem Katzenklo. Einige Streue enthalten Deodorant, das zu wunden Pfoten führen kann. Das Kätzchen hat vielleicht eine Magenverstimmung und fühlt sich in der Toilette unbehaglich. Die meisten schlechten Erfahrungen entstehen jedoch, wenn der Halter das Kätzchen dort überfällt, um ihm Medizin zu verabreichen, oder wenn andere Tiere es beim Verrichten seines Geschäfts stören.

Lösung: Sorgen Sie dafür, dass die Katze mit ihrem Katzenklo zufrieden ist. Platzieren Sie es nicht in Reichweite von Hunden und stellen Sie für mehrere Katzen mehrere Toiletten auf. Lassen Sie dem Kätzchen auf dem Katzenklo seine Ruhe.

◄ *Die Art der Streu und der Standort der Katzentoilette können sich auf die Sauberkeitserziehung Ihres Kätzchens auswirken.*

KATZE UND MENSCH

Markieren

Katzen verständigen sich durch Gerüche und können durch den Geruch ihrer Fäkalien Informationen über ihre Befindlichkeit vermitteln. Oft beruhigen sich Katzen durch den Geruch ihres eigenen Urins. Leider ist diese Wirkung für den Menschen alles andere als beruhigend, insbesondere da Kätzchen mit Vorliebe dort urinieren oder defäkieren, wo der Geruch ihres Besitzers sehr stark ist. Schuhe und Bettzeug sind davon besonders oft betroffen.

Dieses Verhalten kann man nur durch Abbau der Stress und Angst auslösenden Faktoren verhindern, die meist die Ursache dafür sind. So kann zum Beispiel der Umzug in ein anderes Haus zu Stress und den besagten Reaktionen führen. In diesem Fall bessern sich die Probleme meist nach einiger Zeit, wenn man sie nicht zur Gewohnheit werden lässt!

Kätzchen brauchen Sicherheit und müssen sich mit allen Familienmitgliedern anfreunden. In der Zwischenzeit ist es ratsam, es nicht unbeaufsichtigt in Bereiche zu lassen, wo es versucht sein könnte, sich zu entleeren.

▼ *Der vertraute Geruch ihres verspritzten Urins wirkt beruhigend auf eine nervöse Katze.*

▲ *Verspritzter Urin markiert Territoriumsgrenzen; Katzen erneuern diese oft, wenn ihrem Heim eine »Invasion« droht.*

Urinspritzen

Urinspritzen ist für Katzen die beste Art, Stress abzubauen, und manchmal drücken sie so auch Protest aus! Manche setzen es sogar ein, um Aufmerksamkeit zu erregen – und haben sogar Erfolg damit! Wenn Ihr Kätzchen in der Wohnung Urin verspritzt, suchen Sie umgehend den Rat eines Tierarztes oder Verhaltensexperten, sofern die folgenden Tipps keine Besserung bringen.

Mögliche Ursache: Angst vor einer »Invasion« des Territoriums durch eine andere Katze oder eine andere Bedrohung. Das ist relativ häufig bei Katzen, die durch eine Katzentür ein und aus gehen dürfen. Sie wissen, dass es außerhalb ihres geliebten Zuhauses andere Katzen gibt, die möglicherweise in ihr Kernterritorium eindringen können.

Lösung: Blockieren Sie die Katzentür, um die Theorie zu testen. Reinigen Sie die von Ihrem Kätzchen verschmutzten Stellen mit biologischem Reinigungsmittel und geruchsbindendem Granulat. Füttern Sie Ihr Kätzchen dort und geben Sie ihm viel Liebe und Sicherheit. Bestrafen Sie eine Katze nie, wenn sie im Haus uriniert oder defäkiert hat – das würde ihre Unsicherheit und die Probleme nur verschlimmern.

Mögliche Ursache: Ein neuer Gegenstand (oder eine neue Person!) kommt ins Zuhause der Katze. Besonders nervöse, schlecht sozialisierte Katzen neigen zu empfindlichen Reaktionen auf neue Möbel oder Besucher ohne »Clangeruch«, der ihnen Sicherheit vermittelt. Manche markieren den neuen Gegenstand oder Besucher mit Urin oder sogar Kot, um sich sicherer zu fühlen.

Lösung: Säubern sie die schmutzigen Stellen mit biologischem Reinigungsmittel und geruchsbindendem Granulat. Lassen Sie das Kätzchen sein Gesicht, wie bei einer Begrüßung, an einem sauberen Stück Stoff reiben, aber lassen Sie es von selbst damit anfangen. Reiben Sie dann mit dem Tuch über das neue Möbelstück, damit es den »Clangeruch« annimmt. Bitten Sie Besucher, Hände und Schuhe mit dem Tuch abzureiben oder die Schuhe draußen auszuziehen.

Mögliche Ursache: Konflikte mit einer anderen Katze im Haus.

Lösung: Dieses Problem ist komplizierter und betrifft sowohl die vorhandene(n) Katze(n) als auch das neue Kätzchen und den Besitzer. Die »Bedrohung« kann nicht entfernt werden, da das ältere Haustier mindestens genauso wichtig ist wie das neue. Suchen Sie umgehend professionelle Hilfe.

KATZE UND MENSCH

Die »tollen fünf Minuten«

Kätzchen haben manchmal aus heiterem Himmel ihre »tollen fünf Minuten«. Sie springen plötzlich auf und schauen seltsam drein, um dann wie verrückt durch die Wohnung zu jagen, einen Buckel und merkwürdige Seitschritte zu machen, den Schwanz zu krümmen und die Ohren zurückzulegen.

Mögliche Ursache: Dieses Verhalten kann an der Ernährung liegen. Tritt es regelmäßig ein bis zwei Stunden nach dem Füttern auf, bekommt das Futter dem Kätzchen vielleicht nicht. Eventuell helfen Füttern nach Bedarf und Umstellung auf Trockenfutter.

▶ *In Bewegung! Dieses Kätzchen ist in Spiellaune, wie man an den aufgeplusterten Schwanzhaaren sehen kann.*

Verrücktes Verhalten ist meist kein Grund zur Sorge. Es ist einfach eine Möglichkeit, Energien abzubauen, die die Katze in Freiheit beim Jagen verbrauchen würde. Manchmal hört es auf, wenn sie nach draußen darf und sich mehr bewegen kann.

Lösung: Manchmal können Lernerfahrungen, die Katzen während ihrer verrückten fünf Minuten machen, zu Problemen führen. Das liegt meist an den aufgeregten Lauten, die die Besitzer von sich geben, wenn sich die Katze so wild gebärdet, und die sie noch angriffslustiger machen.

Kätzchen lernen so vielleicht, dass jeder ihnen zuschaut und lacht, sobald sie ihre wilde Jagd beginnen. Schlimmer noch, sie entdecken womöglich, dass es noch mehr Aufregung und Geschrei gibt, wenn sie die Anwesenden beißen und kratzen. Leider wird so ein Verhalten leicht zur Gewohnheit, und kluge Katzen lernen schnell, wie sie durch Beißen und Wegrennen die Aktivitäten und Aufmerksamkeit ihrer Besitzer manipulieren können.

Ist die Ernährung des Kätzchens als Ursache auszuschließen, können Sie nur eines tun, damit das verrückte Verhalten nicht zur Gewohnheit wird.

◀ Lenken Sie die Aufmerksamkeit Ihres Haustiers auf passendes Spielzeug. So kann es überschüssige Energie abbauen.

Wilde Spiele in ruhigere Bahnen lenken

Kätzchen müssen überschüssige Energie abbauen. Eine Feder oder ein anderes Spielzeug an einem langen Stab oder einem Band weckt ihr Interesse und schont Ihre Hände und Füße.

Wenn eine Katze immer wieder Ihre Hände und Füße attackiert, um Ihre Aufmerksamkeit zu erlangen, ignorieren Sie es demonstrativ, um ihm den Spaß zu verderben. Drücken Sie Ihr Missfallen aus, indem Sie aufstehen, den Raum verlassen und die Tür schließen. Das Kätzchen bleibt allein und verwundert zurück. Wenn Sie das mehrere Tage konsequent tun, wird es lernen, dass es Aufmerksamkeit nur durch sanfte, freundliche Kontaktaufnahme bekommt.

Versuchen Sie, es zu ignorieren, auch wenn es schwer fällt. Verlassen Sie das Zimmer oder rüsten Sie sich mit Stiefeln und Handschuhen aus, damit das Kätzchen auf Beißen und Kratzen keine Reaktion erhält.

Betroffene Katzen brauchen meist viel mehr Anregungen, als Katzenhalter ihnen in der Regel bieten. Spiele mit passendem Spielzeug – nie jedoch mit Händen und Füßen – sind hier gefordert.

KATZE UND MENSCH

Kratzen und übertriebene Fellpflege

Neben dem Urinieren auf den Teppich sind wohl zerkratzte Möbel das größte Problem, das Katzen in der Wohnung verursachen. Alle Katzen kratzen, aber ob es akzeptabel ist, hängt davon ab, wo und an was sie kratzen. Tun sie es an Bäumen oder Pfosten im Garten, mag der Besitzer gar nichts davon merken. Auch an einem dafür vorgesehenen Pfosten in der Wohnung ist es vollkommen in Ordnung. Wenn es sich jedoch um ein neues Möbelstück handelt, dann wird das Kratzen zum Problem!

Ursache: Katzen müssen kratzen. Dabei schärfen sie nicht, wie allgemein angenommen, ihre Krallen, sondern entfernen deren äußerste Schicht, um die nächste freizulegen. Außerdem befinden sich Duftdrüsen zwischen den Zehen, die beim Kratzen Geruch abgeben. So werden neben den sichtbaren auch riechende Markierungen hinterlassen, die andere Katzen »lesen« können.

Lösung: Hat Ihre Katze genug Möglichkeiten, an erlaubten Stellen zu kratzen? Katzen, die vor allem im Haus gehalten werden, brauchen unbedingt einen Kratzbaum. Er sollte mit Sisal oder ähnlichem Material bespannt und

◀ *Kratzen gehört zum natürlichen Verhalten; es entfernt die äußerste Schicht der Krallen und setzt Geruch frei.*

▲ *Gesunde Kätzchen putzen sich gründlich, aber manche übertreiben es damit, um so Stress abzubauen.*

größer als die Katze sein, wenn sie auf den Hinterpfoten steht und sich nach oben streckt. Bedenken Sie, dass ein Kätzchen schnell wächst, und kaufen Sie einen Kratzbaum, der auch später noch groß genug ist. Loben Sie Ihr Kätzchen jedesmal, wenn es den Baum zum Kratzen benutzt.

Um zu verhindern, dass Ihre Katze unerlaubte Gegenstände zerkratzt, sollten Sie sie dazu bringen, ihre Wangen am Kratzbaum zu reiben. Wenn Katzen sich sicher fühlen, markieren sie Personen und Gegenstände mit den Duftdrüsen an ihren Wangen und kratzen oder spritzen hier in der Regel dann nicht. Lassen Sie Ihr Kätzchen seine Wange an einem sauberen Tuch reiben, mit dem Sie dann über die Möbel wischen. Es kann auch helfen, die Katze in diesen Bereichen zu füttern.

Lässt sich das Problem so nicht lösen, untersuchen Sie, wo Ihre Katze kratzt. Tut sie es in der Nähe von Türen oder Fenstern, könnte sie das Eindringen einer anderen Katze befürchten. In diesem Fall sollten Sie die Katzentür oder sogar den Zugang zum Fenster versperren.

Übertriebene Fellpflege und Selbstverstümmelung

Alle Katzen putzen sich, aber übertriebenes Putzen kann zu kahlen Stellen und in Extremfällen sogar zu Hautverletzungen führen.

Mögliche Ursache: Traurigerweise sind manche Katzen durch reale oder eingebildete Bedrohungen so verängstigt und überreizt, dass sie sich selbst Schaden zufügen. Sie putzen sich wie besessen und knabbern sogar an sich, um sich zu beruhigen, was auf Dauer zu ernsthaften Schäden führt. Manchmal gibt es aber auch einfache körperliche Ursachen wie Flöhe oder eine Hautkrankheit.

Lösung: Dieses Verhalten kommt tatsächlich nur sehr selten vor. Wenn Sie meinen, dass Ihr Kätzchen sein Fell übertrieben pflegt, suchen Sie umgehend einen Tierarzt auf. Oft gibt es klinische Ursachen, und es ist eine Behandlung erforderlich. Gibt es keine medizinische Ursache, sollten Sie sich an einen Verhaltensspezialisten wenden.

◻ KATZE UND MENSCH

Pica, Kauen und Sabbern

Kätzchen sind von Natur aus neugierig. Sie interessieren sich für alles und erkunden die Welt, indem sie alles in den Mund stecken. Das macht noch mehr Spaß, wenn sie herausfinden, dass sie durch Beißen oder Herumkauen auf unerlaubten Gegenständen mehr Aufmerksamkeit bekommen. Dies kann jedoch zu langfristigen und gefährlichen Verhaltensproblemen führen.

Pica und Kauen

Pica oder Lecksucht nennt man das Kauen oder Fressen von Dingen, die keine Nahrungsmittel sind. Kätzchen interessieren sich besonders für Pflanzen. Sie können an Zimmerpflanzen knabbern und Teile davon verschlucken. Manchmal Gras zu fressen, ist für Katzen normal, aber Vorsicht: Einige Zimmerpflanzen sind hochgiftig (vgl. S. 86).

Mögliche Ursache: Manche Kätzchen lernen, dass sie durch das Fressen von Pflanzen Aufmerksamkeit erlangen, andere signalisieren damit, dass ihnen Ballaststoffe fehlen.

Lösung: Wählen Sie ein anderes Futter oder bieten Sie Ihrem Tier Katzengras an, das Sie in Zoohandlungen erhalten und auf der Fensterbank ziehen können.

Mögliche Ursache: Pica tritt anscheinend bei einigen orientalischen Rassen besonders oft auf. Dieses Verhalten kann mit dem Kauen auf Baumwolle und Wolle beginnen und dazu führen, dass alles Mögliche angekaut und manchmal verschluckt wird. Auch Elektrokabel können beliebte Kauobjekte dieser Katzen sein, was fatale Folgen hat.

Lösung: Suchen Sie einen Verhaltensspezialisten auf, wenn Ernährungsumstellung und andere vorbeugende Maßnahmen nicht helfen. Einige Orientalen sind so besessen von diesem Verhalten, dass es nötig sein kann, ihnen kleine Mengen sicherer Materialien anzubieten. Einiges deutet auf genetische Ursachen für diese Anomalie hin, deshalb sollten Sie professionelle Hilfe in Anspruch nehmen.

◀ Spielen mit Wolle ist normal, aber das Fressen von Wolle ist ein Grund zur Sorge.

▲ *Pica – das Kauen oder Fressen von Dingen, die eigentlich nicht zum Fressen sind – scheint bei Orientalen häufiger vorzukommen.*

Beobachten Sie vor dem Kauf, ob die Tiere eines Züchters dieses Verhalten an den Tag legen.

Sabbern und Massieren

Wenn Katzen zufrieden sind und kuscheln, fallen manche in die Zeit mit ihrer Mutter zurück und beginnen in freudiger Erwartung von Milch zu sabbern. Einige kneten sogar die Finger ihres Besitzers, um die Milchproduktion anzuregen! Einige Besitzer finden dieses Verhalten liebenswert und genießen die Nähe, die es bringt, andere mögen das Sabbern ganz und gar nicht.

Ursache: Sobald das Kätzchen sich bei Ihnen eingewöhnt hat, betrachtet es Sie als seine Familie. In seinen Augen übernehmen Sie die Rolle der Mutter, sorgen für Nahrung, Wärme und Ruheplätze. Manche nehmen das wörtlich und verhalten sich wie bei einer echten Katzenmutter.

Lösung: Übertreibt Ihr Kätzchen seine »Babyrolle«, reduzieren Sie liebevolles Beisammensein und spielen Sie mehr mit ihm.

KATZE UND MENSCH

Jagdverhalten

Das Faszinierende an Katzen ist, dass sie wilde Tiere sind, die beschlossen haben, als Haustiere zu leben. Als Raubtiere legen sie ihrem Besitzer liebend gern ihre Beute vor die Füße, was auf den Instinkt zurückgeht, ihre Familie mit Nahrung zu versorgen. Als »Familie« der Katze werden Sie von ihr durch das Darbringen der Beute geehrt.

Viele finden das Jagdverhalten ihres Haustiers abstoßend. Katzen machen nicht nur gern Jagd auf kleine, scheinbar hilflose Wesen, sie quälen sie auch offenbar noch, bevor sie sie töten. Fast alle Katzen »spielen« mit ihren Opfern, und manche ziehen sogar desinteressiert von dannen, sobald diese sich nicht mehr rühren. Gut genährte Katzen fressen die Beutetiere meist nicht – besonders da manche, zum Beispiel Ratten, einen üblen Geschmack haben sollen.

◀ *Besitzer müssen oft lernen, das Jagdverhalten Ihrer Katze zu akzeptieren.*

▲ *Zum Überleben geboren. Hier zeigen sich athletische Fähigkeiten und Jagdinstinkt.*

Ursache: Katzen haben sich in Tausenden von Generationen zwar bis zu einem gewissen Grad geändert, aber ihre wilden Anteile sind noch sehr präsent. Deshalb jagen, beißen und töten sie kleine Säugetiere, Vögel und Insekten.

Lösung: Auch wenn Sie Ihre Katze mehr füttern, wird sie vermutlich weiter jagen wollen. Es gibt sogar Katzen, die ihre Mahlzeit unterbrechen, um zwischendurch eine Ratte zu jagen, und dann zurückkehren und weiterfressen!

Einige Besitzer versuchen, Vögel und Nagetiere zu warnen, indem sie ein Glöckchen am Halsband der Katze befestigen – meist erfolglos, denn Katzen können sich so vorsichtig bewegen, dass das Glöckchen nicht klingelt, oder sie greifen erst in letzter Sekunde an – dann kommt die Warnung zu spät.

Meist müssen Katzenbesitzer den Jagdinstinkt ihres Tiers akzeptieren lernen. Oft ist er aber auch der Grund für das Halten von Katzen – sie leisten hervorragende Dienste im Kampf gegen Nagetiere, zum Beispiel auf Bauernhöfen. In Wohngebieten sind sie jedoch oft eine ernsthafte Bedrohung für die Vogelwelt, und dann ist der Besitzer gezwungen, das Jagdverhalten seines Haustiers zu unterbinden.

Am liebsten jagen Katzen in der Dämmerung, wenn es viel Beute gibt, und sie um diese Zeit im Haus zu lassen, ist oft die einzige Lösung. Auf jeden Fall verringert es die Zahl der Fänge, und vielleicht stellt sich das Jagdverhalten ganz ein.

KATZE UND MENSCH

Aggression

Aggressives Verhalten gegenüber Menschen tritt zwar selten auf, ist dann aber ein ernst zu nehmendes Problem. Sind junge oder ausgewachsene Katzen aggressiv, sollte ein Tierarzt konsultiert werden, um sie auf medizinische Ursachen hin zu untersuchen. Kann dieser Arzt nicht weiterhelfen, sollte man einen Verhaltensspezialisten aufsuchen.

Im Vergleich zu Hunden mag Aggressivität bei Katzen harmlos erscheinen, aber das ist nicht immer so. Katzenbisse sind sehr gefährlich, und zwar wegen des Infektionsrisikos. Im Maul einer Katze befinden sich zahlreiche Arten

▶ *Unpassende Jagdspiele in der Jugend können zu aggressivem Verhalten im Erwachsenenalter führen.*

von Bakterien, und ein Biss führt dazu, dass diese tief in die Wunde gelangen, wo sich eine Infektion ausbreiten kann. Jeder Katzenbiss sollte ärztlich untersucht und mit Antibiotika behandelt werden.

Streicheln und Beißen

»Streicheln und Beißen« beschreibt Kätzchen und Katzen, die sich scheinbar gerne streicheln lassen, dann aber plötzlich wild dreinschauen und sich mit Krallen und Zähnen auf die Hände ihres Besitzers stürzen. Danach springen sie meist sofort vom Schoß ihres Besitzers, lassen sich in der Nähe nieder und fangen an sich zu putzen – fast als schämten sie sich.

Mögliche Ursache: Dieses Verhalten scheint in den domestizierten und wilden Anteilen begründet zu sein, die Katzen zugleich in sich tragen. Sie genießen zwar den engen Kontakt und die zärtliche Zuwendung, fühlen sich

aber andererseits dadurch womöglich bedrängt und wollen fliehen.

Lösung: Dieses Problem gut zu lösen erfordert Geduld. Streicheln Sie das Kätzchen jedesmal nur etwa 10–20 Sekunden und beobachten Sie es dabei. Wenn es erstarrt, die Ohren zurücklegt oder seine Augen sich weiten, muss das Streicheln sofort enden. Bringen Sie dann das Kätzchen dazu, vom Schoß zu springen. Im Idealfall sollte jede Interaktion positiv enden und das Kätzchen ermutigen, für weitere Streicheleinheiten zurückzukommen. Bestrafung ist kontraproduktiv – selbst Schreien kann das Problem verschlimmern.

Jagd- oder gespielte »Aggression«

Jagd hat nichts mit Aggression zu tun! Wir sind nicht wütend auf unsere Nahrung, wenn wir sie essen, und Katzen sind nicht aggressiv, wenn sie sich auf Beute stürzen. Wenn Katzen jedoch

▲ *Bei der Jagd zuhause werden Hände und Füße zur Beute.*

lernen, ihren Jagdinstinkt auf die Menschen in ihrem Zuhause zu richten, ist dies sehr wohl aggressiv. Manche Katzen, bei denen dies der Fall ist, verwenden viel Mühe darauf, ihre Besitzer zu attackieren, wenn sie nach Hause kommen oder im Bett liegen.

Mögliche Ursache: Die meisten dieser Fälle gehen auf falsche Spiele in der Vergangenheit zurück. Manchmal hält jemand beim Spielen dem Kätzchen Hände oder Füße als Beute hin. Dies mag bei einer kleinen Katze ja lustig sein; das ist es allerdings nicht mehr, wenn eine erwachsene Katze einen aus dem Bett hängenden Fuß attackiert!

Lösung: Häufiges Spielen mit Dingen, die weit entfernt von Händen und Füßen sind, wirkt oft Wunder, etwa mit »Katzenzauberstäben«.

KATZE UND MENSCH

Aggression gegen Artgenossen

Katzen sind im Grunde keine soziale Spezies. Wenn sie oft friedlich mit anderen Katzen zusammenleben, hat das meist mehr mit den zur Verfügung stehenden Ressourcen zu tun – Schlafplätzen, Futter und Platz – als mit sozialer Bindung. Manche Katzen, die zusammen aufwachsen, ob aus demselben Wurf oder von verschiedenen Müttern, hängen sehr aneinander, was sie dann deutlich erkennen lassen. Das heißt aber nicht, dass sich jede Katze gut mit anderen versteht – oft tun sie es nicht!

Aggression gegenüber anderen Katzen im Haus

Es kann aus verschiedenen Gründen zu Aggressionen zwischen Katzen in einem Haushalt kommen. Der häufigste ist die missglückte Einführung eines Kätzchens, wenn eine erwachsene Katze schon vorhanden war (vgl. S. 62). Aber auch ein gutes Verhältnis zwischen Katzen kann zerbrechen und ist dann nur sehr schwer wiederherzustellen.

Mögliche Ursache: Eine Katze erkennt die andere nicht wieder, wenn diese beim Tierarzt war. Solche Fälle sind sehr traurig, doch die Katze erkennt die Artgenossin nicht mehr, weil diese Gerüche aus der Tierarztpraxis an sich hat. Katzen erkennen einander am Geruch, nicht am Äußeren, deshalb kann eine vertraute Katze in so einem Fall leicht fremd erscheinen.

Lösung: Vorbeugen geht über Heilen. Bevor Sie die Katzen wieder zusammenbringen, reiben Sie Ihre Hände über das daheim gebliebene Tier und streicheln dann das andere. So entsteht ein »Geruchsaustausch«, und die Katze riecht wieder vertraut. Sie können auch beide Tiere zum Arzt mitnehmen.

Mögliche Ursache: Sieht eine Katze durch das Fenster, wie eine fremde Katze in den Garten eindringt, kann es zu umgeleiteter Aggression kommen. Ihre Anspannung wird immer größer und entlädt sich plötzlich gegenüber einer Familienkatze, die nur zufällig vorbeigeht.

Lösung: Solche Fälle sind nur schwierig zu lösen. Suchen Sie einen Verhaltensspezialisten auf.

Aggressionen gegenüber fremden Katzen im Freien

Mögliche Ursachen: Aggressionen gegenüber fremden Katzen sind

▲ *Die Verteidigung von Ressourcen kann zu Aggressionen zwischen Haustieren führen.*

◄ *Wenn Katzen zeitweise getrennt werden, kann die heimkehrende Katze durch einen unbekannten Geruch wie eine Fremde erscheinen.*

draußen kaum zu vermeiden. Katzen sind sehr selbstbewusst, und außerhalb Ihrer Sichtweite machen sie meist, was sie wollen. Einige sind ziemliche Rüpel, schleichen zu anderen Katzen ins Haus, fressen deren Futter, spritzen Urin und greifen sie sogar auf dem eigenen Territorium an.

Lösung: Wenn Sie mit dem örtlichen Rowdy zu tun haben, sorgen Sie dafür, dass Territorium und Wohnbereich Ihres Kätzchens gut gesichert sind. Halten Sie fremde Katzen möglichst von Ihrem Grundstück fern. Bringen Sie eine magnetische Katzentür an oder versperren Sie den Zugang.

Ist ein Rüpel zu brutal, einigen Sie sich mit dem Besitzer über einen Zeitplan. So kann der Rüpel zu bestimmten Zeiten draußen und zu anderen eingesperrt sein, zu denen andere Katzen dann sicher sind.

KATZE UND MENSCH

Ängstlichkeit

Gute Aufzucht und positive frühe Erlebnisse sollten Ihr Kätzchen davor bewahren, zu ängstlich auf sein neues Zuhause zu reagieren. Etwas Unsicherheit zu Anfang ist immer zu erwarten, aber ständiges Verstecken oder Fliehen beim geringsten Geräusch zeigt, dass Ihr Kätzchen besonders viel Hilfe, Pflege und Aufmerksamkeit benötigt, um sich einzugewöhnen.

Mögliche Ursache: Ein Kätzchen, das aus einer schlechten sozialen Umgebung stammt oder zuvor wild gelebt hat, mag Probleme in Ihrem Zuhause haben. Nur seine Mutter und Geschwister sind ihm vertraut. Menschen und andere Tiere – auch Katzen – können daher fremd und bedrohlich erscheinen.

Lösung: Katzen mögen es nicht, wenn man auf sie zugeht, besonders wenn sie nervös sind. Am wichtigsten ist also Geduld. Warten Sie, bis das Kätzchen von sich aus zu Ihnen kommt und nach Aufmerksamkeit verlangt.

Ihr Kätzchen darf an den ersten Tagen ruhig weglaufen und sich verstecken. Lassen Sie es zunächst nur in ein Zimmer, damit Sie immer wissen, wo es ist und es sich jederzeit sicher fühlt. Sorgen Sie für Katzentoilette, Wassernapf und einen gemütlichen Schlafplatz, vielleicht unter einem Karton oder Tisch, um dem Kätzchen Sicherheit zu geben.

Gehen Sie mehrmals täglich mit kleinen Leckereien wie Fisch oder Huhn ins Zimmer. Setzen Sie sich ruhig auf den Boden, aber nicht zu dicht neben das Fressen. Wenn Ihr Kätzchen Mut fasst und sich aus seinem Versteck traut, versuchen Sie nicht, es zu berühren, sondern reden Sie leise mit ihm.

Nach mehreren Wiederholungen sollte Ihr Kätzchen verstanden haben, dass Sie immer Nahrung bringen, und wird jetzt auf Sie zugehen, wenn Sie das Zimmer betreten. Setzen Sie sich jedesmal auf den Boden und streicheln Sie es nur beim Fressen. Will das Kätzchen zwischendurch in sein Versteck zurück, lassen Sie es gewähren.

Vor allem ein Kätzchen, das zuvor wild gelebt hat, kann so ängstlich sein,

▼ *Große Furcht: Die Ohren sind abgeflacht, die Pupillen geweitet und die Lippen zurückgezogen.*

dass es oft Wochen dauert, bis es sich bei Tag überhaupt zeigt. Sobald es begonnen hat, sich an Sie zu binden, kann man es mit der restlichen Familie bekannt machen. Hat es sich an diese gewöhnt, darf es in ein anderes Zimmer und schließlich ins ganze Haus.

Man kann ängstliche Kätzchen nicht drängen, und leider bauen manche trotz aller liebevollen Bemühungen kein gutes Selbstvertrauen auf. So ängstliche Tiere sind am besten in ruhigen Haushalten aufgehoben. Nervöse Kätzchen leiden in einem unruhigen, lauten Haushalt unter Dauerstress, der ihr Immunsystem schwächen und sie damit anfälliger für Infektionen und Krankheiten machen kann. Wenn Sie sich um die langfristigen Auswirkungen von Stress sorgen, sollten Sie frühzeitig professionelle Hilfe suchen.

▼ *Nach Möglichkeit gehen Katzen einem Kampf durch Flucht aus dem Weg. Wenn sie keinen Fluchtweg finden, suchen sie ein Versteck.*

Die Katze wird krank

Die Wahl des Tierarztes

Selbst wenn Ihr Kätzchen gesund ist, sollten Sie es zunächst einmal in eine Tierarztpraxis bringen. Es muss Impfungen gegen verschiedene Krankheiten erhalten, und hier wird man Ihnen mitteilen, wann diese fällig sind. Schon jetzt sollte Ihr Kätzchen auch gründlich untersucht werden. Harmlose Krankheiten wie leichte Ohrenentzündungen können sich schnell verschlimmern, wenn sie nicht früh erkannt werden. Außerdem sollten Sie möglichst früh ein Vertrauensverhältnis zu Ihrem Tierarzt aufbauen und sicherstellen, dass er einen Notdienst anbietet.

Leider gibt es keine gesetzliche Krankenversicherung für Haustiere. Tierärzte arbeiten auf Honorarbasis und bitten Sie für ihre Dienste zur Kasse. Verschiedene Versicherungsgesellschaften bieten heute allerdings Krankenversicherungen für Haustiere an, die sich durchaus lohnen können.

Einen Tierarzt aussuchen

Die Wahl eines Tierarztes ist vergleichbar mit der des eigenen Hausarztes. Katzenhalter in Ihrer Nachbarschaft geben Ihnen sicher gern Empfehlungen, so dass Sie schnell einen Tierarzt finden, der Ihnen gefällt und einen guten Service anbietet. Sie sollten jedoch genau vergleichen, welche Dienste die einzelnen Praxen bieten, und welche Ihnen am meisten zusagt.

Kleinere Praxen sind meist persönlicher – Sie lernen Arzt und Assistenten gut kennen, und diese können eine Beziehung zu Ihrem Haustier entwickeln. Das ist sehr wichtig, da Tierärzte bei vertrauten Tieren selbst kleine gesundheitliche Veränderungen von einem Besuch zum nächsten bemerken.

Größere Praxen können diese persönliche Betreuung oft nicht bieten, sind aber meist besser ausgestattet. In einer Tierklinik werden Operationen an Ort und Stelle durchgeführt, und Ihr Tier wird nach dem Eingriff optimal betreut.

Notdienste

Unabhängig von der Größe der Praxis muss es nach den normalen Sprechzeiten einen Notdienst geben. In der Regel tun sich mehrere Tierärzte zusammen und wechseln sich damit ab. In großen Praxen haben oft die einzelnen Partner abwechselnd Nacht-

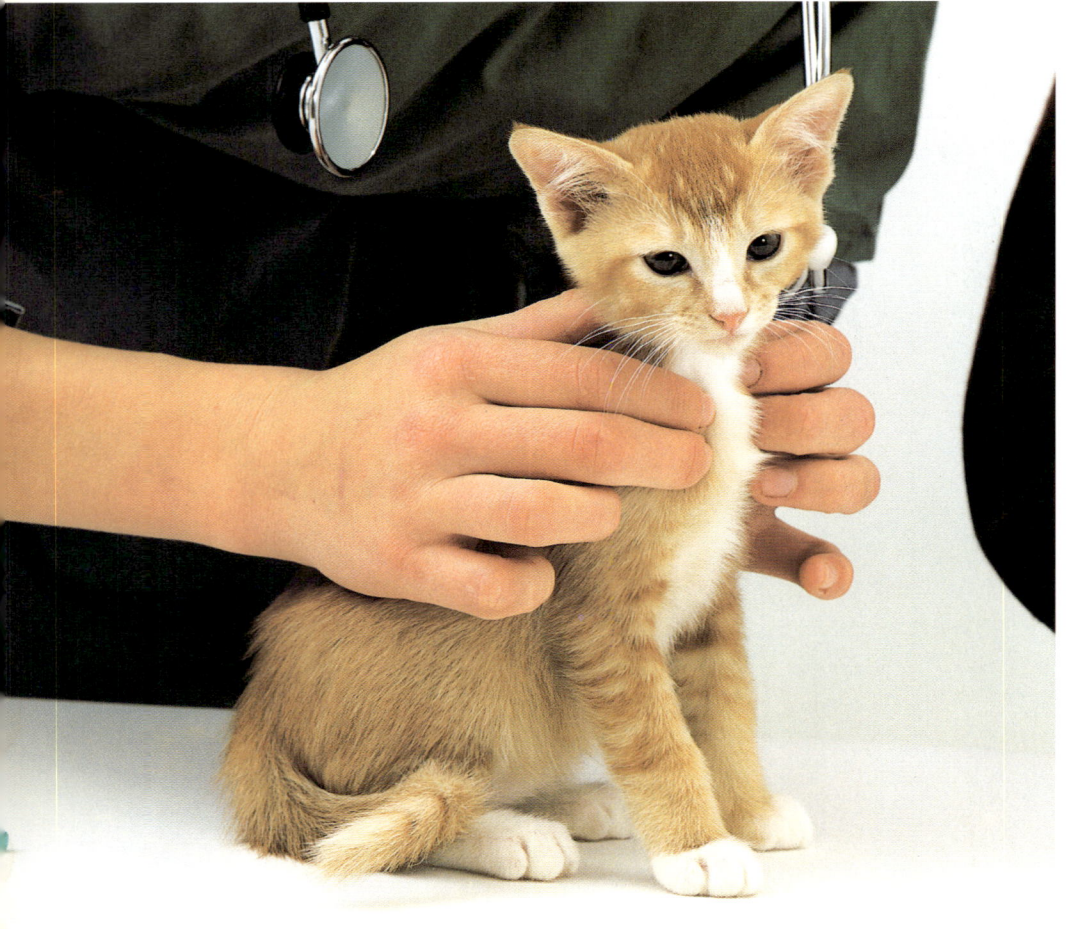

▼ *Ein früher Tierarztbesuch empfiehlt sich, um Infektionen und Krankheiten vorzubeugen.*

dienst, um Notfälle zu behandeln. Fragen Sie, wie diese Dinge in Ihrer Praxis geregelt sind – ist der Notfall da, sollten Sie darüber Bescheid wissen, um sich nur um Ihre Katze kümmern zu können!

Pflege und Rücksichtnahme

Wichtiger als Öffnungszeiten, Geräte und Ausstattung ist die Pflege, die Tierarzt und Angestellte Ihrem Tier angedeihen lassen. Beim ersten Besuch wird Ihr Kätzchen in der Regel geimpft. Die meisten Tierärzte können das schnell und relativ schmerzfrei. Es ist jedoch weitaus angenehmer, wenn der Arzt sich vorher etwas Zeit zum Kennenlernen nimmt und Ihr Kätzchen gründlich untersucht. Rein medizinisch gesehen ist Einfühlungsvermögen nicht von zentraler Bedeutung, aber es trägt sehr dazu bei, den Tierarztbesuch für Ihr Kätzchen zu einem positiven Erlebnis zu machen.

▶ *Die Mitarbeiter der Praxis sind genauso wichtig wie die Ausstattung.*

Sicherer Tiertransport

Sie sollten Ihr Kätzchen in einem geschlossenen Behälter oder Korb zum Tierarzt bringen. Es könnte sich verletzen oder weglaufen, wenn es Ihnen vom Arm springt.

◻ DIE KATZE WIRD KRANK

Gesundheitsschutz

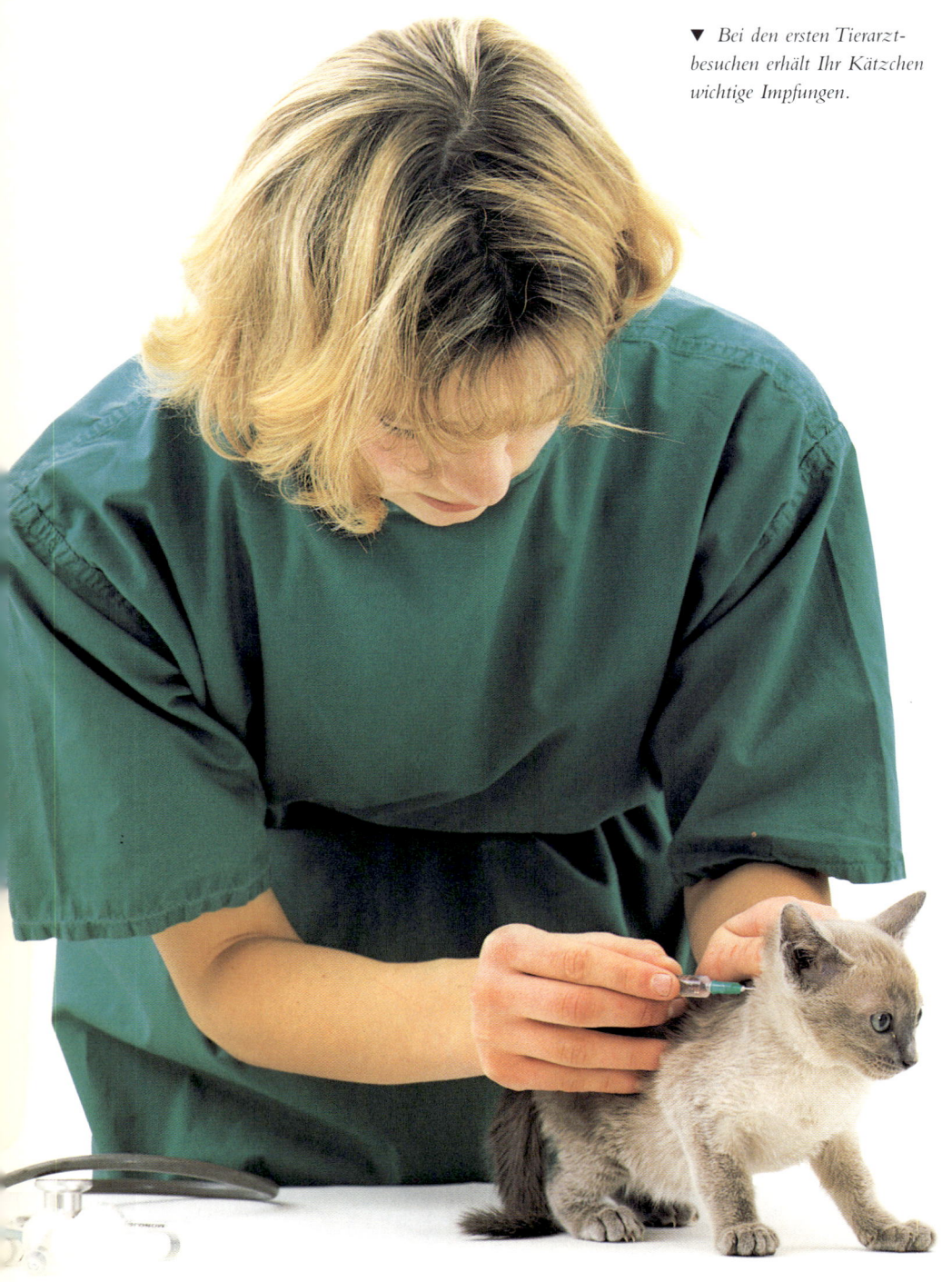

▼ *Bei den ersten Tierarztbesuchen erhält Ihr Kätzchen wichtige Impfungen.*

Warum Impfen?

Als verantwortungsbewusster Halter sollten Sie dafür sorgen, dass Ihr Kätzchen immer so gesund wie möglich bleibt und es gegen die vier häufigsten Infektionskrankheiten impfen lassen: Katzenleukämie, Katzenschnupfen, feline Enteritis (entzündliche Erkrankung des Darms) und Chlamydien.

Leider sind Katzenhalter seltener als Hundehalter bereit, ihr Tier impfen zu lassen, vielleicht weil die Gefahren von Katzenkrankheiten den meisten weniger bewusst sind als von Staupe und Parvovirus bei Hunden. Das feline Parvovirus (Panleukopenie-Virus) etwa, Verursacher der Katzenseuche, die sehr selten ist, weil viele Katzen dagegen geimpft sind, kann für ungeimpfte junge Katzen tödlich sein.

Katzenschnupfen – die Erkrankung der oberen Atemwege – hat zwei Auslöser, das feline Calicivirus und das feline Herpesvirus, und kann vor allem junge und alte Katzen so schwächen, dass keine Heilung möglich ist. Seit einiger Zeit werden Katzen auch gegen Katzenleukämie (FeLV) geimpft, die zu Tumoren und Anämie führt, das Immunsystem schwächt und oft mit anderen lebensbedrohlichen Infektionen einhergeht.

Viren, die Katzenschnupfen oder Enteritis auslösen, können in der Umgebung der Katze aufgenommen werden, die Leukämieansteckung erfolgt nur bei direktem Körperkontakt zweier Katzen. Das Risiko

▲ *Oft ist es nötig, das Tier bei einer Tierarztbehandlung festzuhalten – Ihre Katze sollte sich möglichst früh daran gewöhnen.*

einer FeLV-Infektion in einer Katzenpension ist deshalb eher gering, weshalb solche Einrichtungen nur Impfschutz gegen feline Enteritis und Katzenschnupfen fordern. Da Katzen oft nur geimpft werden, wenn die Besitzer in Urlaub fahren, und nicht zu ihrer eigenen Sicherheit, ist die Impfrate gegen Katzenleukämie bis jetzt viel geringer, als es nötig wäre, um die Katzenpopulation ausreichend gegen diese tödliche Krankheit zu schützen.

Chlamydia psittaci var. *felis* ist oft die Ursache für Konjunktivitis (Bindehautentzündungen), tränende Augen und großes Unbehagen. Das Kätzchen kann sich bereits bei der Mutter angesteckt haben, und wenn es nicht früh genug behandelt wird, kommt es zu Narben oder Deformationen des Augenlids, verstopften Tränendrüsen und manchmal zu Schäden am Augapfel, die es sogar blind machen können.

Die erste Impfung sollte im Alter von acht bis neun Wochen erfolgen und mit 12 Wochen aufgefrischt werden. Da ein neues Zuhause und die erste Impfung einschneidende Erfahrungen für ein junges Kätzchen sind, sollten Sie ihm vor der ersten Spritze ein paar Tage Zeit zum Eingewöhnen lassen.

Entwurmen

Katzen sollten regelmäßig gegen Spulwürmer (*Toxocara cati*, *Toxascaris leonina*) behandelt werden, durch Muttermilch oder Fäkalien übertragene Parasiten. Im Freien können sich Katzen durch den Verzehr von Wirtstieren wie Ratten, Mäusen und Vögeln infizieren, die Larven und Eier von Spulwürmern im Körper haben.

Im Gegensatz zum Hundespulwurm gibt es beim Katzenspulwurm keinen Beweis dafür, dass er auf den Menschen übertragbar ist.

Bandwürmer treten eher bei erwachsenen als bei jungen Katzen auf. Die beiden Hauptarten *Dipylidium caninum* und *Taenia taeniaeformis* durchleben ihre einzelnen Stadien in Flöhen beziehungsweise Nagetieren. Nur wenn ein Kätzchen unter starkem Flohbefall leidet oder sich von frisch gefangenen Mäusen ernährt, sollte man auf die typischen reiskornartigen Bandwurmsegmente im Kot achten.

In verschiedenen Ländern und Regionen gibt es ganz unterschiedliche Würmer. Ihr Tierarzt wird Ihnen das passende Präparat empfehlen, zum Beispiel als Tabletten oder Körner.

◻ DIE KATZE WIRD KRANK

Kastration und Schutz vor Flöhen

Es gibt über 2000 verschiedene Arten von Flöhen! In warmen Gebieten und unter den günstigen Bedingungen in der Wohnung kann der Lebenszyklus eines Flohs zwölf Tage umfassen. Erwachsene Flöhe können sich nur auf dem Wirtstier ernähren und paaren. Sie machen jedoch nur fünf Prozent der gesamten Flohpopulation aus. Die restlichen 95 Prozent bestehen aus Eiern, Larven und Puppen, die überall in der Wohnung gedeihen, wo die Katze Zugang hat. Während seiner durchschnittlichen Lebenszeit kann der weibliche Floh über 2000 Eier legen; wenn sie nicht bekämpft werden, können einige Flöhe also schnell zu Tausenden werden!

Hautirritationen durch Flohbisse werden durch Beißen und Lecken oft schlimmer, außerdem kann es schwere Fell- und Hautschäden verursachen. Eine Allergie gegen den Speichel von Flöhen führt am ganzen Körper zu schuppigem Ausschlag (Miliaria-

▼ *Setzen Sie Ihr Kätzchen auf eine weiße Fläche und streicheln Sie es gegen den Strich. Das macht eventuellen Flohkot sichtbar.*

Ekzem). Eier legende Flohweibchen nehmen jeden Tag das Fünfzehnfache ihres Körpergewichts an Blut auf, starker Flohbefall kann so bei einem Kätzchen zu schwerem Blutverlust und Anämie führen.

Es gibt zahlreiche Mittel gegen diese lästigen Parasiten, die wirksamsten erhalten Sie nur auf Rezept bei Ihrem Tierarzt. Da Hunde und Katzen dieselben Flöhe haben können, müssen Sie die Mittel bei allen Tieren in Ihrer Familie anwenden.

Flohmittel sind als Shampoo, Puder, Spray oder Tropfen erhältlich. Puder ist schwierig aufzutragen und muss anschließend gut ausgebürstet werden; Wasser und Shampoo werden von den wenigsten Katzen toleriert; am effektivsten sind flüssige, in kleinen Mengen direkt auf die Haut aufzubringende Tropfen.

Behandeln Sie auch die Wohnung, indem Sie mit einem handelsüblichen Insektenspray und gründlichem Staubsaugen so viele Eier und Larven wie möglich entfernen.

In Haushalten mit mehreren Tieren ist eine nichtinsektizide Flohbekämpfung am effektivsten, bei der die Entwicklung des Flohs in einem bestimmten Larvenstadium gehemmt und sein Lebenszyklus so unterbrochen wird. Diese Behandlung kann dem Tier als flüssige Suspension mit oder nach dem Fressen oder durch eine Injektion verabreicht werden, die ein halbes Jahr wirksam ist. Sind alle erwachsenen Flöhe tot, sollte diese Methode ausreichen, um erneuten Flohbefall zu vermeiden.

Kastration

Vorteile und Zeitpunkt einer Kastration können beim ersten Tierarztbesuch besprochen werden. Lassen Sie auch das Geschlecht noch einmal überprüfen. So mancher Züchter hat sich hier schon geirrt.

Katzen wie Kater können auch sterilisiert werden. Das macht sie unfruchtbar, aber der Geschlechtszyklus und das damit verbundene Verhalten bleiben erhalten. Daher ist dieser Eingriff selten sinnvoll.

Katzen sind in den Frühlings- und Sommermonaten alle drei Wochen bis zu fünf Tage lang rollig (Östrus). Während der kurzen Wintertage folgt eine unfruchtbare Phase (Anöstrus). Die erste Rolligkeit tritt meist mit acht oder neun Monaten auf, aber bei Kätzchen, die im Februar und März heranreifen, kann es weit eher dazu kommen. Der Eisprung wird durch die Paarung ausgelöst, die Rolligkeit hört dann auf. Eine junge Katze kann im Frühling trächtig werden, ohne dass Sie überhaupt gemerkt haben, dass sie rollig war!

Wenn Sie nicht wissen, ob Sie ein Zuhause für einen Wurf junger Kätzchen finden, sollten Sie Ihre Katze mit fünfeinhalb bis sechs Monaten kastrieren lassen. Bei Katern ist weniger Eile geboten. Zu testosteronbedingtem Verhalten wie Urinspritzen und Revierkämpfen kommt es meist erst mit einem Jahr, die Geschlechtsreife tritt allerdings schon vorher ein. Wenn Sie also kleine Kater und Kätzchen haben, sollten beide gleichzeitig kastriert werden.

▶ *Es gibt viele Mittel gegen Flöhe. Hier wird ein Pumpspray verwendet.*

◻ DIE KATZE WIRD KRANK

Zahnpflege

Oft werden Zahnkrankheiten nicht bemerkt. Bei älteren Katzen führen schlechte Zähne und entzündetes Zahnfleisch zu chronischem Unbehagen und können andere altersbedingte Beschwerden verschlimmern. Bei bestimmten Rassen, besonders Orientalen, scheinen Zähne und Zahnfleisch schon in jungen Jahren sehr anfällig.

▶ *Katzenzahnpasta wird durch Geschmacksstoffe genießbarer.*

Ihre Katze sollte sich früh an Berührungen des Mundraums gewöhnen, damit spätere vorbeugende Maßnahmen kein Problem werden. Bei wild lebenden Tieren hält das Zerbeißen der Beute samt Fell, Haut, Sehnen und Knochen Zahnfleisch und Zähne gesund und frei von Plaque und Zahnstein. Bei Katzen, die fast nur Katzennahrung fressen, findet diese natürliche Reinigung nicht statt – selbst harte und knusprige Kaustangen beanspruchen Zähne und Zahnfleisch nicht in gleichem Maße.

Es gibt verschiedene Sorten von Katzenzahnpasta. Sie enthalten meist Geschmacksstoffe sowie Enzyme, die Bakterien im Mundraum abtöten. Zum Putzen benutzt man spezielle weiche Zahnbürsten oder einen Fingerling mit Borsten, den Katzen meist lieber mögen, da er ihnen wie ein Teil Ihrer Hand erscheint. Im Idealfall sollten Sie die Zähne Ihres Haustiers zweimal täglich reinigen, wozu jedoch meistens die Zeit fehlt. Aber auch einmal Putzen pro Woche ist bereits ein wirksamer Schutz gegen Plaque, Zahnstein und Gingivitis.

Die Art des Futters

Katzen sind wählerische Esser. Ehe Sie sich versehen, kaufen oder kochen Sie ständig ausgefallene Leckerbissen, nur weil Ihre Katze alles andere verweigert. Je weniger Zeit Sie haben, desto geringer ist die Gefahr, sich auf diese Spielchen einzulassen. Auch für die

Gesundheit Ihrer Katze ist es besser, wenn Sie – etwas hart ausgedrückt – nach der Devise »friss oder stirb« verfahren!

Fixierung auf ein bestimmtes Nahrungsmittel kann Vitamin- und Mineralstoffmangel hervorrufen. Oft wird auch zu viel Fett und Eiweiß aufgenommen. Daher werden wählerische Kätzchen oft übergewichtig. Die verständliche Sorge, die Katze könnte nicht genug bekommen, führt oft zum Kauf der ausgefallensten Leckereien.

Ausgewogenes Fertigfutter ist in der Regel besser als selbst gekochtes. Spezielle Nahrung für die verschiedenen Altersstufen macht das zusätzliche Verabreichen von Vitaminen und Mineralstoffen überflüssig.

Ist Nahrung jederzeit verfügbar, kann das dazu führen, dass zu viel gefressen wird – nicht nur von Ihrer eigenen Katze, sondern auch von den Nachbarskatzen!

▶ *Das Abreiben der Zähne mit einem Fingerpad ist eine Maßnahme, um gegen Zahnfäulnis vorzubeugen.*

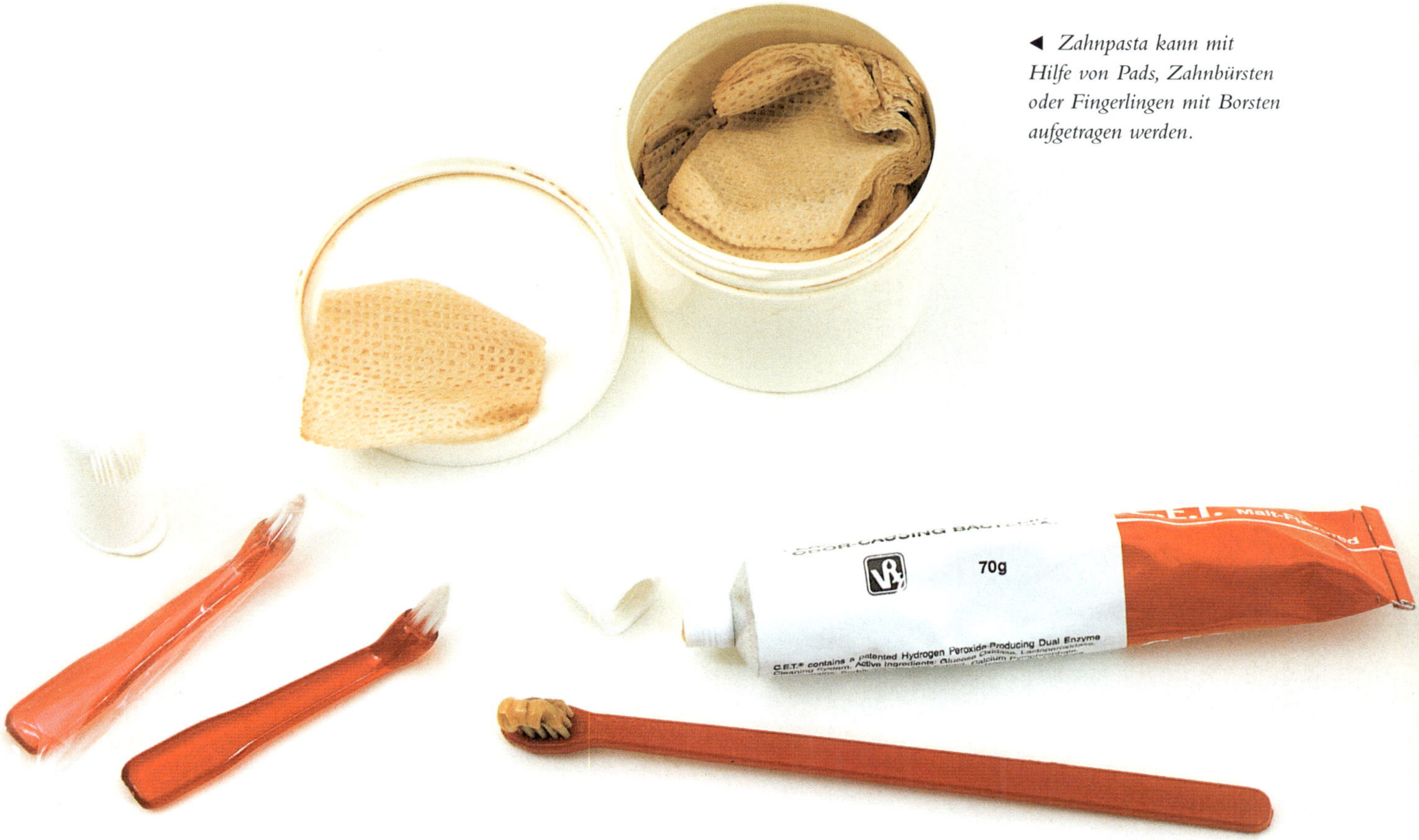

◀ *Zahnpasta kann mit Hilfe von Pads, Zahnbürsten oder Fingerlingen mit Borsten aufgetragen werden.*

DIE KATZE WIRD KRANK

Verabreichung von Medikamenten

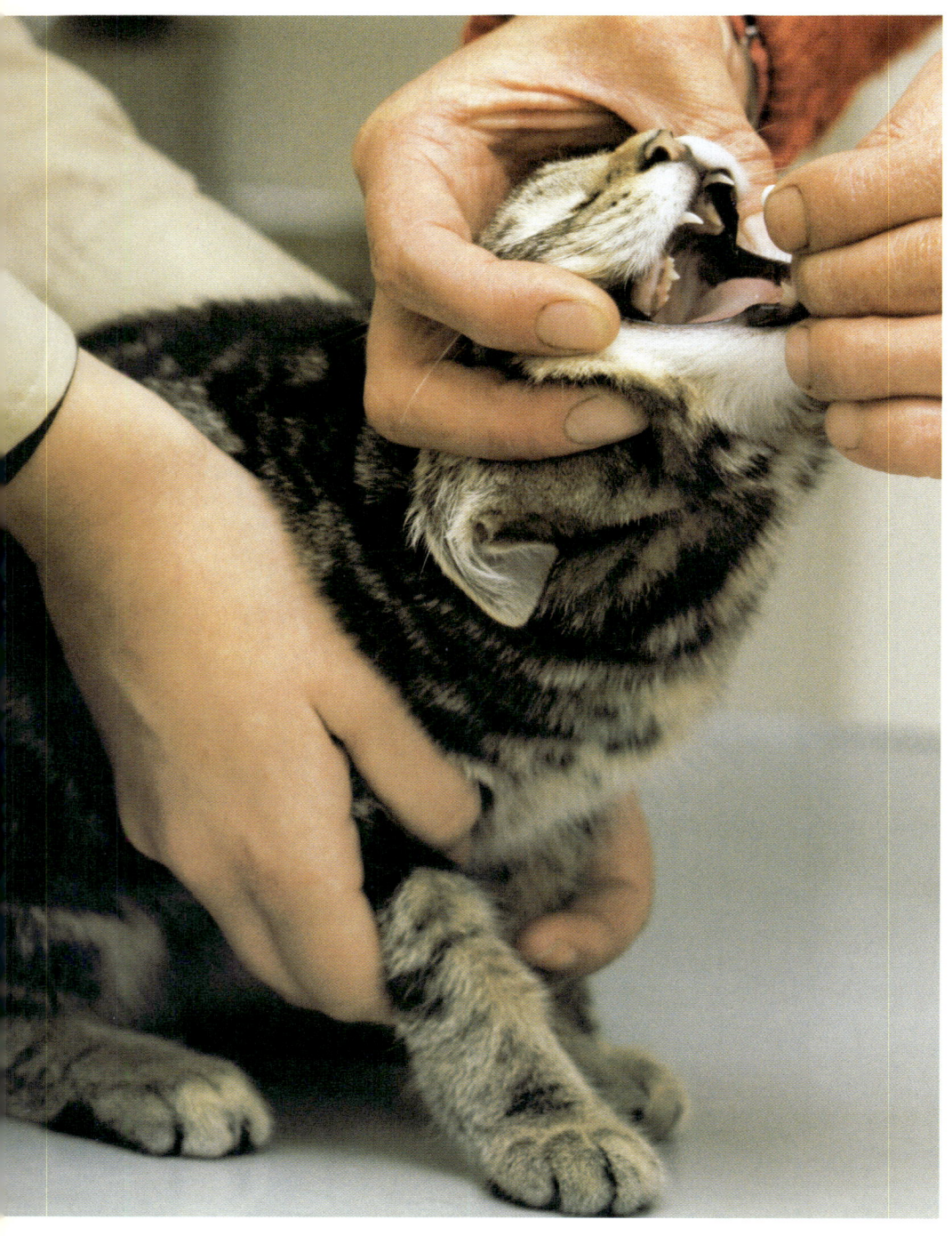

Katzen eine Tablette zu geben kann eine echte Herausforderung sein! Manche Tabletten enthalten Geschmacksstoffe, die meisten Katzen akzeptieren am ehesten einen mit Hefe angereicherten Überzug. Flüssige Medikamente und zerstoßene Tabletten kann man unter schmackhaftes Futter wie Thunfisch und Huhn mischen, aber oft lassen Katzen sich so nicht täuschen. Besteht außerdem die Gefahr, dass ein anderes Tier das präparierte Futter frisst, muss man das Medikament direkt ins Maul geben.

Durch frühe Gewöhnung an regelmäßige, intensive Pflege – Bürsten, Untersuchung von Zähnen, Zahnfleisch und Ohren – verhalten sich Kätzchen beim Verabreichen von Medikamenten meist einigermaßen ruhig. Bei Tabletten oder dem Auftragen von Salbe sind jedoch einiges Geschick und eine Reihe von Kniffen nötig, um nicht zu viel Stress auszulösen und Bisse und Kratzer zu vermeiden.

Das Verabreichen einer Tablette

1. Versuchen Sie nicht, Ihr Kätzchen zu überrumpeln. Setzen Sie es lieber auf eine passend hohe, stabile Arbeitsfläche (etwa auf eine Küchenanrichte).

◀ *Halten Sie Ihr Kätzchen mit festem Griff, um Medikamente so stressfrei wie möglich zu verabreichen.*

▲ Massieren Sie das Ohr unten, sonst geht ein Großteil des Medikaments verloren.

Bei allen Prozeduren, die den Kopf der Katze betreffen, ist ein Helfer zum Festhalten von Körper und Vorderbeinen sehr nützlich. Widerspenstige Katzen sollten in ein großes Tuch gewickelt werden.

2. Rechtshänder umfassen mit der linken Hand von oben den Kopf. Linker Daumen und Ringfinger befinden sich rechts am Oberkiefer, Mittel- und Zeigefinger umfassen dessen linke Seite, während der kleine Finger sich rechts im Nacken befindet. Mit festem Griff wird der Kopf ein wenig zurückgebogen, so dass sich das Maul öffnet.

3. Die Tablette zwischen rechtem Daumen und Zeigefinger ziehen Sie mit dem rechten Ringfinger den Unterkiefer Ihrer Katze nach unten. Schieben Sie dann die Tablette mit dem Zeigefinger möglichst tief in den Rachen.

4. Halten Sie mit der linken Hand das Maul zu und halten Sie den Kopf nach hinten, bis Sie sehen, dass die Katze geschluckt hat.

Augentropfen oder -salbe

1. Halten Sie den Kopf der Katze mit der linken Hand: Ring- und kleiner Finger liegen unter dem Kiefer, der Mittelfinger hinter dem Kopf. Daumen und Zeigefinger ziehen die Lider zurück.

2. Bringen Sie die vorgeschriebene Menge Tropfen oder Salbe vorsichtig auf die Oberfläche des Auges auf. Streichen Sie anschließend über die Lider, um das Medikament zu verteilen.

3. Salbe lässt sich leichter auftragen, wenn man die Tube vorher etwas anwärmt.

Ohrentropfen oder -salbe

Beim Verabreichen von Ohrentropfen ist es oft schwer, den Schüttelreflex des Kopfes zu unterbinden, den das Eindringen von Flüssigkeit in den Gehörgang auslöst. Der Kopf muss jedoch etwa eine Minute lang still gehalten werden, damit das Medikament ins Innenohr gelangt.

1. Halten Sie den Kopf der Katze wie beim Verabreichen von Augentropfen, wobei Sie die Spitze des Ohrs mit Daumen und Zeigefinger etwas zurückziehen, während Sie Pipette oder Tubenspitze in den oberen Teil des Gehörgangs schieben und das Medikament einbringen.

2. Halten Sie das Ohr weiter fest und massieren Sie es unten, damit sich Tropfen oder Salbe besser verteilen. Gelangt bei der Prozedur Ohrenschmalz oder Schmutz in den oberen Teil des Gehörgangs, reinigen Sie ihn mit einem Wattebausch.

DIE KATZE WIRD KRANK

Allgemeine Gesundheitsprobleme

Erbliche Krankheiten

Bei normalen Hauskatzen sind genetische Krankheiten sehr selten. Auch reinrassige Katzen weisen weniger oft Erbschäden auf als Hunde. Eine genetisch bedingte Anomalie ist die Polydaktylie (Vielzehigkeit). Solche Kätzchen sehen mit ihren großen Füßen zwar niedlich aus, müssen später aber oft operiert werden, da abnormer Krallenwuchs Verletzungen und Schmerz auslösen kann.

Die meisten Rassestandards weichen nicht sehr vom normalen Körperbau einer Katze ab, und züchtungsbedingte Schäden sind selten. Auf ausgeprägte Gesichtsmerkmale gezüchtete Perserkatzen können jedoch unter Hornhautgeschwüren, geschädigten Tränendrüsen, verengten Nasennebenhöhlen, vorstehenden Unterkiefern und Fehlstellungen der Zähne leiden. Die Wahrscheinlichkeit späterer Probleme aufgrund der gewünschten Merkmale ist meist schon beim acht Wochen alten Kätzchen zu erkennen. Der zukünftige Halter sollte bei der ersten tierärztlichen Untersuchung darauf hingewiesen werden.

Angeborene Schäden

Angeborene Schäden müssen nicht genetisch bedingt sein. Ein häufiges Problem bei Kätzchen ist der Nabelbruch: Die Bauchdecke ist nicht völlig geschlossen, und ein Teil des Bauchinneren stülpt sich nach außen. Oft handelt es sich nur um ein wenig Bauchfett, bisweilen quillt jedoch eine ganze Darmschlinge heraus. Oft ist dann eine Operation notwendig, die meist gleichzeitig mit der Kastration vorgenommen wird. Besteht jedoch Gefahr für das Leben des Kätzchens, muss die Operation früher erfolgen.

Männliche Kätzchen haben manchmal nur einen Hoden. Seltener ist ein Hodenhochstand, bei dem die Hoden noch nicht in den Hodensack gewandert sind. Befinden sie sich in der Bauchhöhle, müssen sie operativ entfernt werden.

Parasitenbefall und Infektion

Hat der Züchter keine vorbeugenden Maßnahmen getroffen, können äußere und innere Parasiten wie Flöhe, Läuse und Würmer Krankheiten verursachen. Heftiges Schütteln, Kratzen von Kopf und Ohren und schwarze, wachsartige Krümel in den Gehörgängen sind typische Symptome für Ohrmilben (*Otodectes*), die von der Mutter übertragen werden, sobald sich die Gehörgänge des Kätzchens nach der Geburt öffnen.

Da Ohrmilben Katzen zunächst nicht beeinträchtigen, wird der Befall oft erst

◄ Ohrmilben können zu Blutblasen und Tumoren führen, wenn sie nicht frühzeitig bekämpft werden.

spät bemerkt. Intensives Kratzen und dadurch entstehende Verletzungen der Ohrmuschel (Pinna) und der Blutgefäße können zu Blutblasen oder Ohrhämatomen führen. Selbst nach ihrer operativen Entfernung bleiben oft Narben und Deformationen zurück. Lang andauernde Entzündungen führen manchmal zu Ohrpolypen und gutartigen Tumoren.

Runde Flecken mit wenig Fell und nicht juckender, schuppiger Haut, oft an Ohren, Gesicht und Pfoten, können auf eine Hautpilzerkrankung (Mikrosporie und Trichophytie) hinweisen. Dann ist eine mehrwöchige Behandlung mit einem Medikament nötig, das die Ausbreitung der Pilzsporen unterbindet. Eine Hautpilzerkrankung ist eine Zoonose, eine auf Menschen übertragbare Infektion. Die menschliche Haut infiziert sich zwar nicht sehr leicht, aber man muss die Hände nach der Behandlung infizierter Katzen immer gründlich waschen.

Junge Katzen leiden oft unter wässrigem oder eitrigem Tränenfluss, der mit halb geschlossenen Lidern und Bindehautentzündung einhergehen kann. Ist das Kätzchen ansonsten wach und munter, liegt wahrscheinlich eine Chlamydieninfektion vor; ist es dagegen teilnahmslos, frisst weniger oder gar nicht, niest und hat erhöhte Temperatur, kann es Katzenschnupfen haben. Obwohl Antibiotika nichts gegen die Schnupfenviren selbst ausrichten, helfen sie, die Ansteckung mit anderen Krankheiten zu vermeiden. Unterstützende Maßnahmen wie das zwangsweise Verabreichen sehr nahrhafter Heilkost können das Immunsystem beim Kampf gegen die Infektion unterstützen.

▼ *Der Kreis auf dem Kopf dieses Tonkanesen sollte vom Tierarzt auf Pilzbefall untersucht werden.*

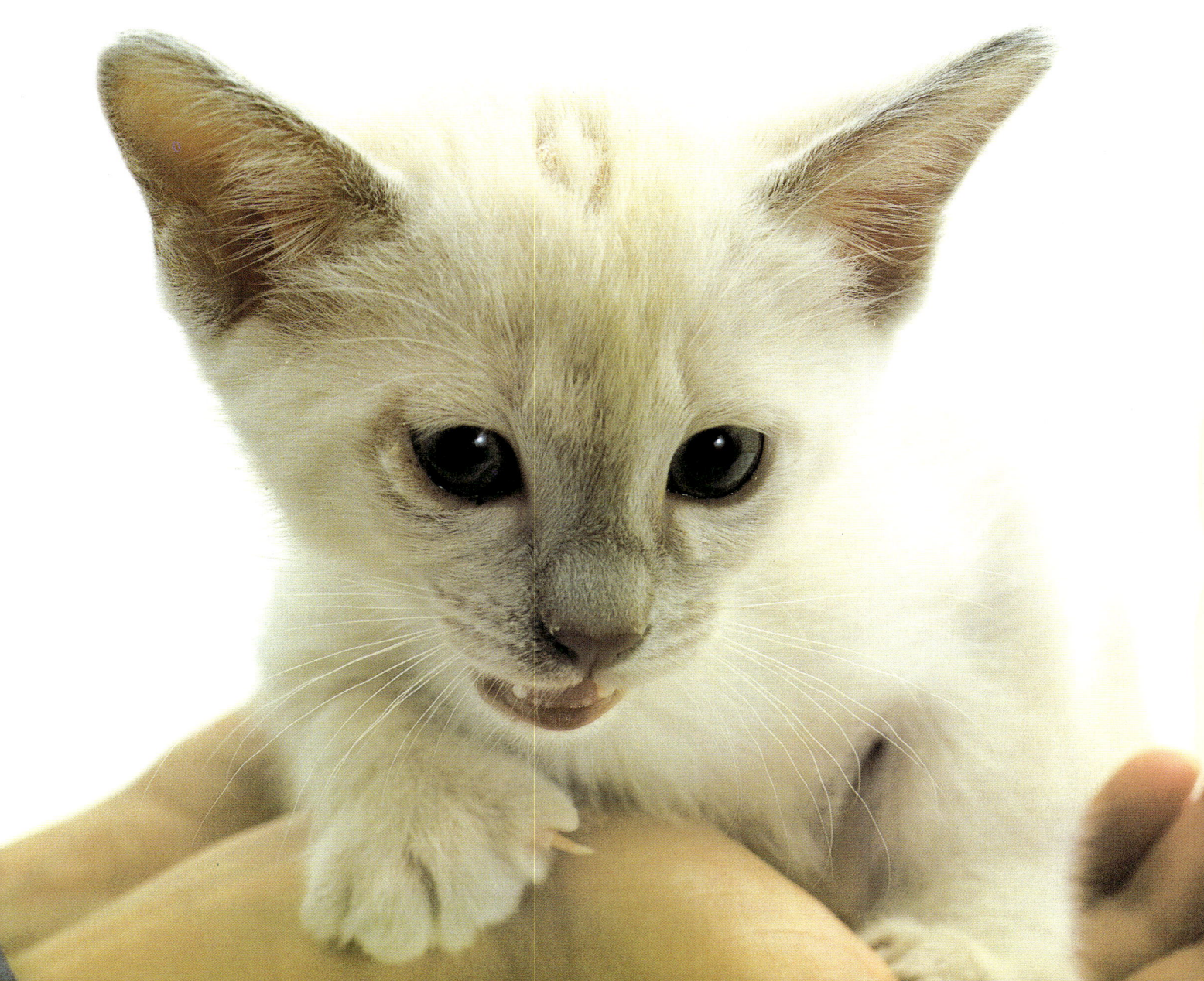

DIE KATZE WIRD KRANK

Magenverstimmung und Viren

Magenverstimmungen wie Diarrhoe, mit oder ohne Erbrechen, sind bei Kätzchen sehr häufig, besonders in der ersten Zeit in einem neuen Zuhause. Selbst wenn sie dasselbe Futter wie vorher bekommen, führt der Stress der neuen Umgebung zu Unpässlichkeiten. Auch die Einstellung der Produktion der für die Milchverdauung notwendigen Enzyme kann Diarrhoe auslösen, ebenso Würmer und andere Infektionen wie Protozoen, Giardien oder Toravirus, oft begleitet von vorfallender Nickhaut.

Das Ausscheiden von etwas frischem Blut mit dem Stuhl ist meist harmlos, so lange es nicht zu häufig vorkommt, der Stuhl ansonsten normal ist und es der Katze gut geht. Bei den ersten Anzeichen von Durchfall sollte sie 24 Stunden gar nicht, danach zwei, drei Tage lang mit leichter Nahrung wie gekochtem Huhn oder Fisch gefüttert werden. Das reicht meist, um Verstimmungen des Verdauungstrakts ohne weitere Behandlung auszukurieren. Wenn die Diarrhoe jedoch anhält, von Erbrechen begleitet wird oder das Kätzchen die Aufnahme von Nahrung und Flüssigkeit verweigert, sollten Sie es zum Tierarzt bringen.

Wundes Zahnfleisch

Das Ausfallen der Milchzähne mit viereinhalb bis fünf Monaten kann mit einer leichten Zahnfleischentzündung (Gingivitis) einhergehen. Die meisten Katzen leiden unter Gingivitis nur während dieses Zahnwechsels, danach

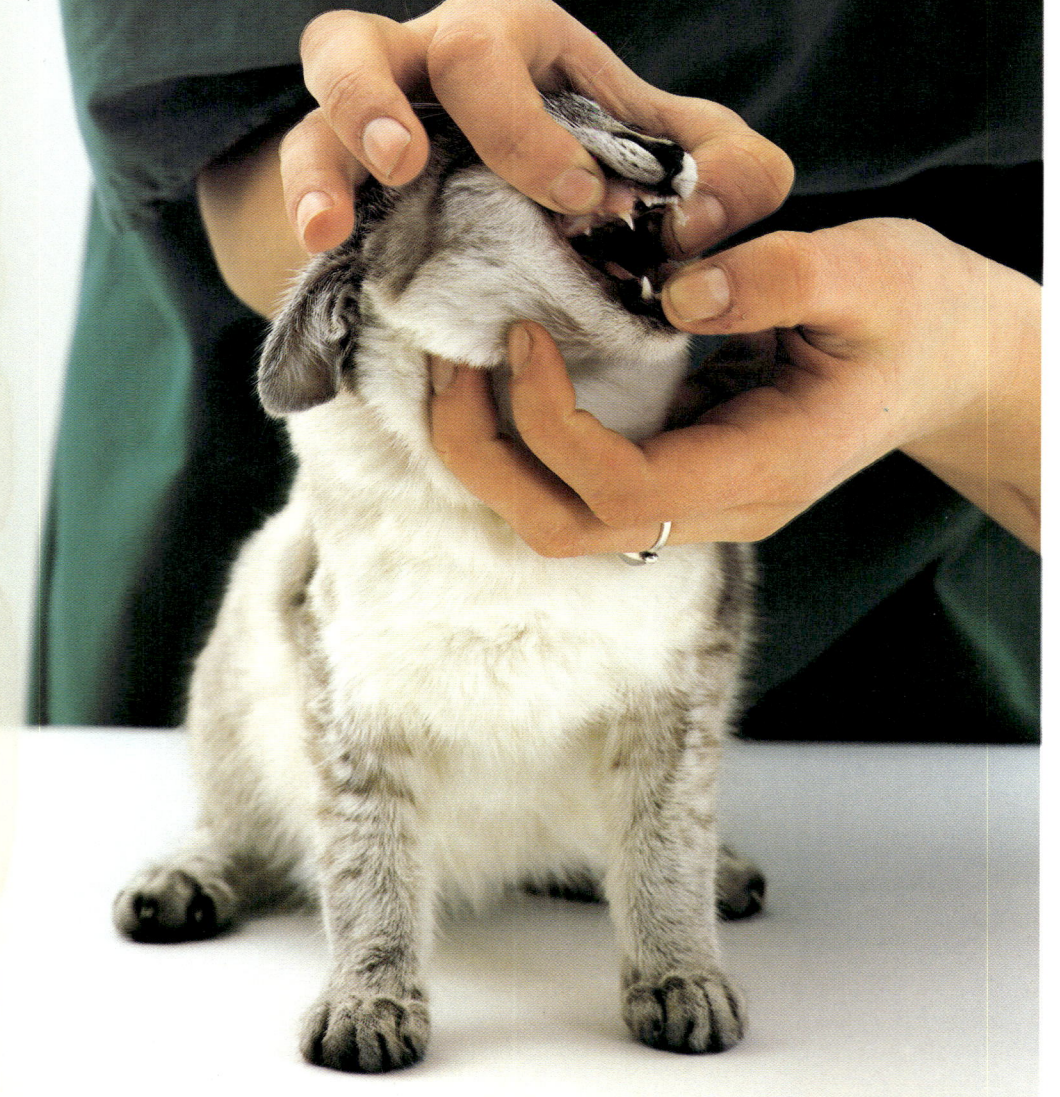

◀ Wundes Zahnfleisch tritt oft beim Zahnwechsel auf.

▼ *Im fortgeschrittenen Stadium einer FIV-Infektion kommt es zu Flüssigkeitsansammlung im Brustraum, im Vergleich zu einer gesunden Katze deutlich zu erkennen. Glücklicherweise ist diese Krankheit, gegen die es bislang keine Heilung gibt, selten.*

erholt sich das Zahnfleisch wieder. Bei einigen Tieren bleibt die Entzündung jedoch bis ins Erwachsenenalter bestehen, was zu periodisch auftretenden Schmerzen im Mundraum, wiederholtem Verabreichen von Antibiotika und entzündungshemmenden Mitteln und zu frühem Zahnverfall führt. Spricht eine Gingivitis nicht auf Medikamente an, kann das ein Anzeichen für eine feline Immunschwäche (FIV oder Katzen-AIDS) sein; ein Bluttest kann diese Möglichkeit ausschließen.

Virusinfektionen

Geringes Wachstum, Blässe und Schwäche können Begleiterscheinungen einer Infektion mit dem felinen Leukämievirus (FeLV) oder dem FIV-Virus sein, die regional unterschiedlich oft auftreten. Ist ein junges Kätzchen davon betroffen, hat es sich wahrscheinlich bereits im Mutterleib angesteckt. Da durch FeLV- und FIV-Viren verursachte Krankheiten fast immer tödlich enden, sollte ein Kätzchen, das Symptome zeigt, am besten eingeschläfert werden. FeLV und FIV beeinträchtigen das Immunsystem, das den Körper vor Infektionen und anderen Gesundheitsproblemen schützt. Daher entstehen oft zusätzlich feline infektiöse Peritonitis (FIP) und feline infektiöse Anämie (FIA).

Toxoplasmose

Toxaplasma gondii sind einzellige Parasiten (Toxoplasmen), die in erster Linie Katzen befallen, aber auch auf den Menschen übertragbar sind. Obwohl sie in der Regel bei beiden nur leichte Krankheitssymptome wie Übelkeit und Fieber hervorrufen, können Menschen mit geschwächtem Immunsystem auch weitaus ernstere, bisweilen tödliche Krankheiten bekommen.

Ein großes Risiko besteht für menschliche Embryonen, wenn sich eine Frau in den ersten drei Schwangerschaftsmonaten erstmals infiziert. Katzen sind allerdings nicht die Hauptüberträger der Infektion. Selbst wenn sie den Parasiten in sich tragen, stellen sie nur ein geringes Risiko dar. Die meisten Infektionen beim Menschen entstehen durch verseuchtes Erdreich oder Trinkwasser oder durch Verzehr von infiziertem, unzureichend gegartem Fleisch.

Geschwüre und Tumore

Junge Katzen bekommen nur selten Geschwüre und Tumore. Eine Ausnahme ist das Lymphosarkom, meist in Verbindung mit dem FeLV-Virus. Es kann verschiedene Organe betreffen, aber bei Katzen unter einem Jahr entsteht es meist an der Thymusdrüse (Brustdrüse). Junge Katzen, die unter Gewichtsverlust und Atembeschwerden leiden, sollten auf dieses Lymphosarkom hin untersucht werden, das sich durch eine Röntgenaufnahme der Brust feststellen lässt.

Manche Kätzchen haben Nasenpolypen. Wegen ihrer Lage über dem weichen Gaumen verursachen sie zuweilen Würgen und schnarchende Atemgeräusche. Operative Entfernung der Polypen beseitigt diese schlagartig.

DIE KATZE WIRD KRANK

Verletzungen und Harnweginfektionen

Sobald eine Katze sich draußen aufhält, läuft sie Gefahr, von einer anderen gebissen zu werden. Das kann zu Abszessen führen, die zum Alltag jeder Tierarztpraxis gehören. Infektionserreger an den Eckzähnen der Katze gelangen bei einem Kampf tief unter die Haut; ob jedoch ein Abszess entsteht, hängt von den Abwehrkräften des betroffenen Tiers ab. Fast alle Katzen, die nach draußen dürfen, werden irgendwann gebissen, aber nicht bei allen entstehen Abszesse.

Wenn Sie wissen, dass Ihre Katze in einen Kampf verwickelt war und vielleicht gebissen wurde, sollten Sie die Wunde suchen, sie mit Salzwasser auswaschen und Ihrer Katze vorsorglich ein Antibiotikum verabreichen lassen. So verringern Sie das Risiko eines Abszesses deutlich. Kommt es dennoch dazu, gehen Sie in jedem Fall zum Tierarzt. Wenn der Abszess nicht von selbst platzt, muss der Arzt ihn möglicherweise aufstechen, was meist unter Narkose geschieht. Eine Behandlung mit Antibiotika ist fast immer notwendig, um die Heilung zu fördern.

Harnweginfektion

Eine Zystitis (Blasenentzündung), erkennbar an häufigem, schmerzhaftem Harndrang, ist bei Katzen sehr häufig.

◀ *Durch Säubern der Wunde und Verabreichen eines Antibiotikums lässt sich die Bildung eines Abszesses meistens verhindern.*

▶ *Auf den Zähnen von Katzen befinden sich Bakterien, deshalb können selbst kleinste Bisswunden zu Infektionen führen.*

Obwohl sie nur durch eine bakterielle Infektion ausgelöst werden kann, sind oft Abweichungen in Säuregehalt und Zusammensetzung des Urins nachweisbar, was zur Bildung von Harn- und Blasensteinen führen kann. Fast immer liegt eine Sekundärinfektion vor. Die notwendige Behandlung mit Antibiotika und eine spezielle Ernährung zur Korrektur des Urin-pH-Wertes (um die Bildung von Harnsteinen zu verhindern) bewirken, dass die Katze nicht erneut erkrankt. Blockieren bei Katern Harnsteine die Harnröhre, kann das lebensbedrohlich sein. Jeder Kater, der kein Wasser lassen kann, sollte als Notfall behandelt werden.

Manche Katzen reagieren mit zystitisartigen Symptomen auf Stress. Dies ist vermutlich der Fall, wenn Antibiotika nicht zur Besserung führen und der Urin keine Auffälligkeiten zeigt.

Ungewöhnliches Verhalten von weiblichen Tieren

Oft wird der Tierarzt zu Rate gezogen, weil ein weibliches Kätzchen sich plötzlich windet und wie unter Schmerzen laut aufschreit. Meist handelt es sich hierbei keineswegs um eine Krankheit, sondern die Katze ist nur zum ersten Mal rollig – und die dramatischen Bewegungen und akustischen Signale sollen Kater anlocken!

DIE KATZE WIRD KRANK

Wann der tierärztliche Notdienst anzurufen ist

Wenn Sie nicht wissen, ob die gesundheitlichen Probleme Ihrer Katze einen Notfall darstellen, ist es immer sicherer, den Tierarzt anzurufen und um Rat zu bitten. Es ist besser, wenn sich Ihre Befürchtungen als übertrieben erweisen, als wenn die Behandlung einer vielleicht ernsten Erkrankung oder Verletzung aufgeschoben wird.

Seien Sie darauf vorbereitet, Ihr Kätzchen schnell zum Arzt bringen zu müssen, selbst wenn dazu ein spezieller Transport arrangiert und ein Babysitter organisiert werden muss. Oft scheint es einfacher, um einen Hausbesuch zu bitten, aber die Geräte und Medikamente, die für die Behandlung eines Notfalls erforderlich sind, stehen bei Ihnen nicht zur Verfügung. Zudem sind Hausbesuche auch teurer.

Unfälle auf der Straße

Vermuten Sie, dass Ihr Kätzchen angefahren wurde, bringen Sie es so schnell wie möglich zum Tierarzt, selbst wenn es keine schwere Verletzung zu haben scheint. Manchmal laufen verletzte Katzen weiter, und innere Verletzungen werden nicht bemerkt. Katzen sind nach Unfällen oft kaum bei Bewusstsein, erholen sich jedoch sehr schnell, wenn man ihnen ein Mittel gegen Schock gibt.

Rufen Sie zuerst beim Tierarzt an, damit man dort weiß, dass Sie kommen und Vorbereitungen für eine Notfallbehandlung treffen kann. Oft müssen Katzen durch intravenöses Verabreichen von Flüssigkeiten stabili-

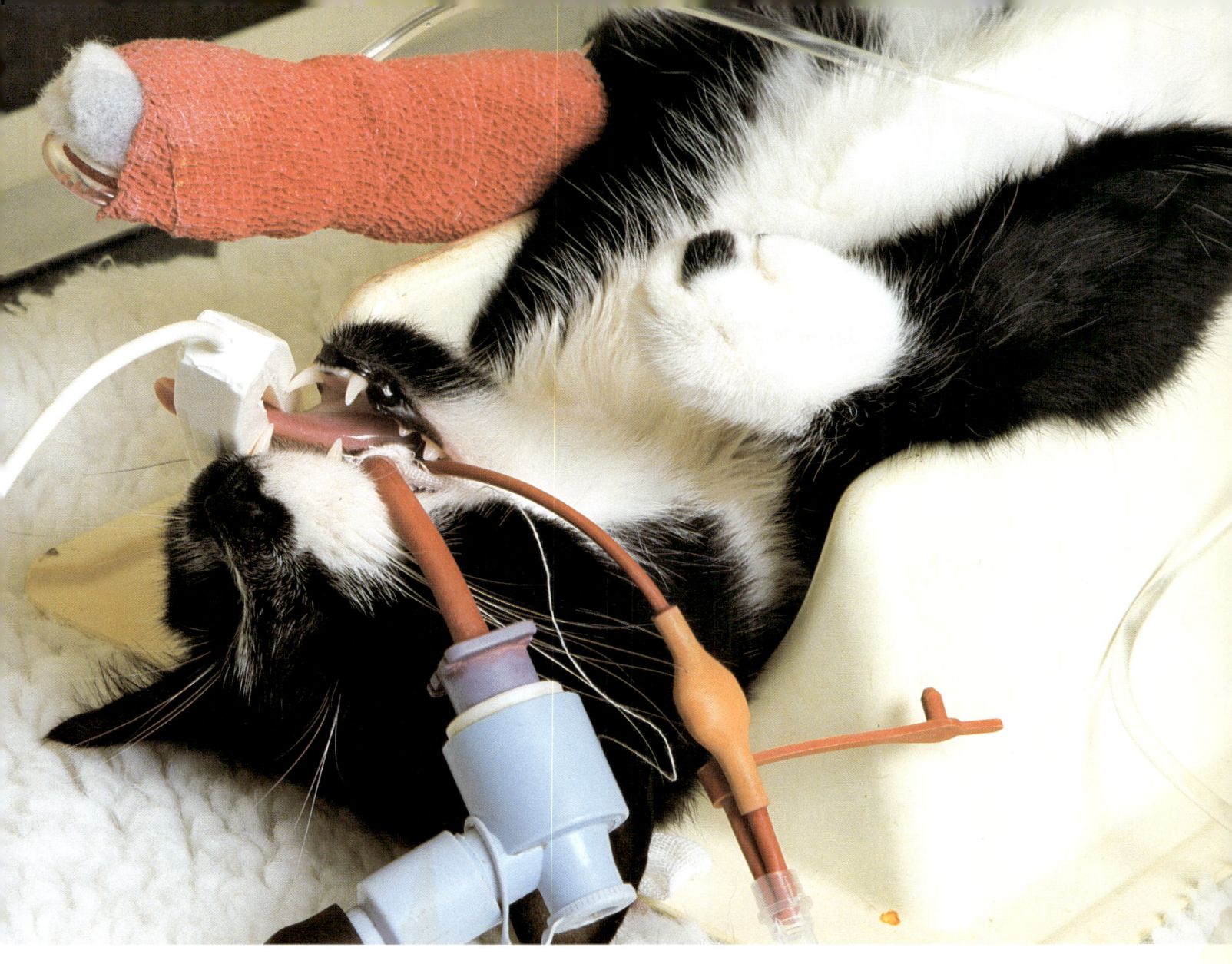

▲ *Nach einem Unfall wird diese Katze unter Narkose operiert.*

siert werden, bevor weitere Untersuchungen wie Röntgenaufnahmen möglich sind.

Zwerchfellverletzungen sind eine häufige Folge von Verkehrsunfällen. Die Muskelwand zwischen Brust und Bauch reißt auf, und Organe wie Leber und Därme dringen vom Bauch- in den Brustraum. Die Katze hat dann oft Atemprobleme, da diese Organe die Lunge zusammendrücken. Man kann solche Verletzungen operieren, aber die Narkose ist ein großes Risiko. Erlangt eine Katze jedoch nach einem derartigen Eingriff das Bewusstsein wieder, erholt sie sich meist sehr schnell und fängt spätestens nach 24 Stunden wieder an zu fressen.

◀ *Wenn Ihr Haustier einen Unfall hatte, lassen Sie es untersuchen; schwere Verletzungen sind oft nicht gleich sichtbar.*

Häufig sind bei Verkehrsunfällen die Knochen betroffen. Tiere mit Wirbelbrüchen, die oft zur Lähmung der Hinterbeine führen, sollten eingeschläfert werden. Relativ harmlos dagegen sind gebrochene Zehen, die meist von selbst heilen.

Oft ist der Beckenbereich betroffen, also Beckenknochen, Hüftgelenke oder die Verbindung zwischen Kreuzbein und Schwanzwirbeln. Viele Beckenverletzungen heilen von allein, wenn die Katze genug ruht, was die Unterbringung in einem Klinikkäfig gewährleistet. Ist jedoch das Rückenmark in Beckenhöhe verletzt, kann das die Nervenverbindung zur Blase dauerhaft schädigen und zu Blasenlähmung führen.

Das Knochenwachstum wird bei allen jungen Tieren durch weiche Abschnitte (Epiphysen) an den beiden Enden der Knochen ermöglicht. Da diese Teile schwächer sind als der harte Knochen, kommt es bei kleinen Katzen eher zu Abrissen der Epiphysen als zu Knochenbrüchen. Am häufigsten sind die Epiphysen des Oberschenkelknochens betroffen. Solche Schäden können meist nur operativ behoben werden. Manchmal werden Knochen durch Nageln oder mit einer Metallplatte gerichtet, um befriedigend zu heilen.

DIE KATZE WIRD KRANK

Stürze, Fremdkörper und Wunden

Wenn eine Katze stürzt, sorgt in der Regel ihr Stellreflex dafür, dass sie auf allen Vieren landet. Die Beine sind durch die federnden Gelenke recht gut geschützt. Manchmal schlägt eine Katze jedoch mit Kopf oder Nase auf, und dann kann die Wucht des Aufpralls zu Verletzungen des Unterkiefers oder zur Spaltung des harten Gaumens führen. Bei Nasenbluten sollte das Maul des Tieres gründlich untersucht werden.

Fremdkörper

Hustenanfälle, Würgen und Erbrechen können Symptome einer Infektion der oberen Atemwege sein. Kann die Katze jedoch weder fressen noch trinken, hat sie vielleicht einen Fremdkörper im Rachen. Bei einer Untersuchung unter Narkose entdeckt der Tierarzt häufig einen Grashalm am weichen Gaumen, der wahrscheinlich nach dem Hochwürgen dort stecken geblieben ist.

Grassamen zwischen Augapfel und Nickhaut sind äußerst schmerzhaft und können zu eitrigen Verletzungen der Hornhaut führen. Wenn die Katze nicht in der Lage ist, ein stark tränendes Auge zu öffnen, muss sie mit örtlicher Betäubung untersucht werden, um diese Möglichkeit auszuschließen.

◀ *Nicht immer kann der Stellreflex eine stürzende Katze vor Verletzungen bewahren.*

Schnitte, Bisse und Stiche

Hautrisse können entstehen, wenn Katzen an einem Nagel oder Stacheldraht hängen bleiben. Da ihre Haut sehr elastisch ist und sich nach Verletzungen zusammenzieht, sehen die Wunden oft viel kleiner aus, als sie tatsächlich sind. Auch wenn es nicht stark blutet, ist es häufig nötig, die Wunde unter Betäubung zu säubern und zu nähen.

Wenn Sie bei Ihrer Katze eine Verletzung entdecken, deren Behandlung möglicherweise eine Narkose erforderlich macht, sollten Sie sie vor dem Arztbesuch nicht mehr füttern.

Katzenkämpfe führen zwar meist nur zu kleineren Verletzungen, aber manchmal schützt die Nickhaut die Augen nicht genug und es kommt zu tiefen Kratzern oder Rissen in der Netzhaut. Hin und wieder geraten auch Dornen ins Auge und müssen operativ entfernt werden.

Es kann passieren, dass Ihr Kätzchen mit großen, aber nicht sehr schmerzhaften Schwellungen im Gesicht von draußen zurückkehrt. Wenn man darauf drückt, bleibt meist eine kleine Delle zurück. Solche ödematösen Schwellungen entstehen fast immer durch Insektenstiche. Es kommt zur Ausschüttung von Histamin und einer typischen anaphylaktischen Reaktion. Meist sind Insektenstiche harmlos und werden gut verkraftet, es kann aber auch zu einem systemischen anaphylaktischen Schock kommen, besonders nach mehreren Stichen. Suchen Sie deshalb lieber den Tierarzt auf, der gegebenenfalls Antihistaminika und entzündungshemmende Medikamente verabreicht.

Immer wieder werden Katzen durch Schrotkugeln verletzt, und leider nimmt die Polizei solche Zwischenfälle nicht immer besonders ernst. Zum Glück richten Schrotkugeln oft keine größeren Schäden an. Manchmal werden sie sogar nur entdeckt, wenn die Katze aus einem anderen Grund geröntgt wird. Schrotkugeln können jedoch auch lebenswichtige Organe wie Auge, Rückenmark oder Darm verletzen. Letzteres führt zum Austreten des Darminhalts in die Bauchhöhle und kann lebensbedrohliche Bauchfellentzündungen hervorrufen. Von Kugeln zertrümmerte Knochen sind nur schwer wieder zu richten.

▲ *Grassamen können im Hals stecken bleiben oder hinter die Nickhaut geraten.*

DIE KATZE WIRD KRANK

Erbrechen und Vergiftungen

Katzen, die länger als drei Tage nichts zu sich genommen haben, sollten zum Tierarzt gebracht werden. Jede längere Appetitlosigkeit kann zu Leberschäden führen. Deshalb ist es sehr wichtig, während der Untersuchung und Behandlung die Nährstoffversorgung aufrechtzuerhalten,

▼ *Husten sollte immer ernst genommen werden – er könnte ein Zeichen für Asthma oder eine Lungeninfektion sein.*

gegebenenfalls durch zwangsweise Nahrungszufuhr.

Durchfall, besonders in Kombination mit Erbrechen, führt bei kleinen Katzen schnell zur Austrocknung. Oft ist dann intravenöse oder subkutane Versorgung mit Flüssigkeit nötig. Anhaltendes Erbrechen kann durch Verkrampfungen der Muskeln entstehen, die für die Magenentleerung verantwortlich sind. Dabei bleibt die Katze eigentlich gesund, verliert jedoch an Gewicht.

Eine teilnahmslose Katze, die sich erbricht, an Gewicht verliert und keinen Kot absetzt, hat möglicherweise einen Darmverschluss. Er ist tödlich, wenn er nicht erkannt und behandelt wird, und kann entstehen, wenn der Darm sich als Folge zu starker Darmbewegungen (Peristalik) umstülpt (Invagination).

Katzen verschlucken zwar im Gegensatz zu Hunden nicht oft Dinge, aber beim Spielen mit Wolle oder Baumwolle kann das doch einmal vorkom-

▲ *Das Spiel mit Wolle ist ganz natürlich, aber wenn Fäden verschluckt werden, kann es zu Darmverschlingungen kommen.*

men. Bleibt eine Garnschlinge unter der Zunge hängen, während das andere Ende in den Darm gelangt, stülpt sich der Darm um den Faden, und das Tier kann nur durch eine Notoperation gerettet werden.

Vergiftungen

Katzen vergiften sich nur selten, da sie sehr wählerische Esser sind. Der Verzehr von – etwa mit Warfarin – vergifteten Ratten oder Mäusen kann jedoch auch die Katze vergiften und zu schweren inneren Blutungen führen. Eine solche Vergiftung kann bei Bauernhofkatzen vermutet werden, die vergiftete Köder gefressen haben und Zeichen von Lethargie, Anämie und verzögerter Blutgerinnung aufweisen. Das Gegenmittel für Warfarin ist Vitamin K, das die Blutgerinnung wiederherstellt.

Schneckengifte mit Metaldehyd verursachen bei Katzen Erbrechen, Koordinationsschwierigkeiten und Krämpfe. Es gibt kein Gegengift. Die Katze sollte mit Beruhigungsmitteln gegen weitere Krampfanfälle und intravenös mit Flüssigkeit versorgt werden. Nur so kann sie sich erholen.

Atemprobleme

Atemprobleme sind immer ein Anlass zur Sorge. Katzen bewegen sich nicht so viel, und Atemwegs- und Lungenerkrankungen sind oft schon weit fortgeschritten, bevor sich erste Symptome zeigen.

Felines Asthma geht mit chronischem Husten und Anfällen extremer Atemnot einher. Sauerstoffmaske oder -zelt können lebensrettend sein, bis die Medikamente wirken.

Bei Atemwegsinfektionen und Tumoren kommt es oft zu Flüssigkeits- und Schleimansammlung im Brustraum. Dass die Lunge sich nicht mehr genügend ausdehnen kann, führt zu starker Atemnot. Beim Umgang mit einem solchermaßen erkrankten Kätzchen ist größte Umsicht geboten, jeglicher Stress und erhöhter Sauerstoffbedarf führt in der Regel zum Kollaps. Leichtes Klopfen der Brust lässt die Flüssigkeit zurückgehen und bringt etwas Erleichterung. Kätzchen mit freier Flüssigkeit im Brustraum haben leider nur schlechte Überlebenschancen.

DIE KATZE WIRD KRANK

Das Kätzchen wird erwachsen

Wie niedlich, anschmiegsam und verspielt Ihr Kätzchen jetzt auch sein mag, bald wird es erwachsen! Sobald es die Milchzähne verloren hat, gilt es als adoleszent!

Die meisten Kätzchen entwickeln Verhaltensmuster, die ihnen ihr ganzes Leben lang zugute kommen. So lange sie sich in ihrer Umgebung sicher und wohl fühlen, sich problemlos anfassen und streicheln lassen, sind sie für die Herausforderungen des Lebens gut gewappnet.

Heranwachsen

Heranwachsende Kätzchen interessieren sich mehr und mehr für Markierung und Verteidigung ihres Reviers. Katzen und Kater, ob kastriert oder nicht, markieren ihr Revier, indem sie Urin spritzen, an Bäumen oder Pfählen kratzen und Kot absetzen. Diese Signale enthalten Nachrichten für andere Katzen, und obwohl sie sie nicht am Übertreten der Grenze hindern, verraten sie ihnen, wann der »Hausherr« zum letzten Mal da war und vielleicht sogar, wer er ist!

In dieser Zeit entwickeln manche Katzen Ängste, dass andere Katzen in ihr Heim eindringen oder ihr Revier

▼ *Dieses verspielte Kätzchen wird in weniger als zwei Monaten eine Jungkatze sein.*

▶ *Diese Jungkatze und ihre Besitzer können sich auf viele Jahre voller Spaß und Abenteuer freuen.*

durchqueren könnten. Es kommt zu Kämpfen mit Nachbarkatzen, und die Revierverteidigung kann Stress hervorrufen.

Urinieren und sogar defäkieren in der Wohnung können darauf hinweisen, dass Ihre Katze die Anforderungen des Erwachsenenlebens als Stress empfindet, und solche Probleme sind meist nur mit Hilfe eines Verhaltenstherapeuten zu lösen.

Wo man Hilfe bekommt

Mittlerweile gibt es eine Menge Spezialisten, die Katzen mit Verhaltensproblemen helfen können. Bitten Sie Ihren Tierarzt um eine Empfehlung, wenn Sie das Gefühl haben, dass Ihre Katze Hilfe braucht. Oft reicht es schon, die Ursache eines Problems zu erkennen, um es zu lösen, und schon durch einen einzigen Besuch bei einem Tiertherapeuten lassen sich manchmal selbst schwerste Probleme beseitigen.

Die Zeit vergeht

Kätzchen wachsen nur zu schnell heran. Gestern noch spielten sie mit einem Wollknäuel, heute machen sie Jagd auf richtige Beute und sind erwachsene, selbstbewusste, manchmal distanzierte Wesen. Vielleicht sind viele gerade deshalb von Katzen fasziniert, weil sie zwar domestizierte Haustiere, aber zugleich faszinierende wilde Geschöpfe sind.

Die Beziehung zu unseren Katzen ist wichtig. Durch Katzen können wir unsere fürsorglichen und liebevollen Anteile ausleben, haben Gesellschaft und können uns an Tieren erfreuen, die nichts so lieben wie Aufmerksamkeit und Zuneigung. Ihre Kindertage vergehen wie im Flug – genießen Sie sie!

Register

A
Abessinier 44, 46
Abszesse 89, 134
Abzeichen (Points) 45
Aggressionen/Aggressivität 29, 34, 35, 114–117
Allergiker, Katzen für 47
Alter des Kätzchens 40–41
Amerikanisch Kurzhaar 44
Anämie 125, 133
Angeborene Schäden 130
Angst, Ängstlichkeit 14, 26, 27, 34–35, 58, 93, 105, 119, 142; s.a. Nervosität
Appetitlosigkeit 140
Apportieren 44, 75
Asthma 141
Atemprobleme, -not 37, 89, 138, 141
Atmung 53
Aufheben des Kätzchens 76
Aufzucht mit der Flasche/von Hand 25, 29
Augen 17, 34, 52
Augen, Reinigen der 79
Augenprobleme, -verletzungen 138, 139
Augentropfen/-salbe 129
Ausdruck 30; s.a. Kommunikation
Ausschlag 124
Aussuchen eines Kätzchens 36–50
Austrocknung 140
Autofahren 58–59

B
Baden 80
Balinesen 45
Bandwürmer 123
Beißen 14, 77, 106, 107, 115, 124
Belohnen 98–101
Bestrafung/Strafe 21, 99, 103, 105, 115
Beute 22
Bewegung/Spiel 72–75
Bienen/Wespen 89
Bindehautentzündung (Konjunktivitis) 123, 131
Birmakatzen 44–45
Bisse 89, 114–115, 134, 139
Blasenentzündung (Zystitis) 134–135
Britisch Kurzhaar 44
Brustdrüse (Thymusdrüse) 133
Burmakatzen 17, 43, 75
Bürsten 67, 78–79

C
Charakter 23, 39, 42; s.a. Temperament, Persönlichkeit
Chemikalien 87–89
Chipkennzeichnung 85
Chlamydien 122, 123, 131
Cornish Rex 47

D
Darmverschluss 140–141
Devon Rex 47
Dosenfutter 68, 70
Duftmarken 6, 9, 20, 31–35
Duftdrüsen 32–32, 35, 90, 108–109
Durchfall (Diarrhoe) 69, 70, 132, 140

E
Eingewöhnung 17, 19, 26–27, 60–61
Einzelne Katzen 41
Entspannung 35
Entwöhnung 13–14, 28–29
Entwurmen 123
Erbkrankheiten 39, 130
Erbrechen 59, 132, 140
Ernährung 68–71, 106, 110, 126–127

Erregung 35
Erziehung 100–101
Extrovertierte Katzen 54

F
Feline Enteritis 122
Feline infektiöse Anämie (FIA) 133
Feline infektiöse Peritonitis (FIP) 133
Felines Leukämie-Virus/FeLV 122, 123, 133
Felines Parvovirus 122
Fell 42–47, 53
Fellpflege 78–79, 109
Ferien 96–97
Feste Nahrung 16, 28, 29
FIV-Virus 133
Flehmen 20–21
Flöhe 53, 67, 109, 124–125
Fremdkörper 87, 138
Frösche/Kröten 89
Fruchtbare/unfruchtbare Phasen 125
Frustration 28, 29, 32
Futter 57, 68–70, 110, 126–127; s.a. Ernährung
Füttern 68–71, 106, 126–127; s.a. Ernährung
Futternäpfe 66

G
Geburt 10–11
Gehör 12, 26
Geräusche 25–26, 34, 60–62
Geruch 9, 25, 26, 31–32, 35, 62, 104; s.a. Duft
Geruchssinn 6, 9, 10, 11, 20, 25, 26, 31, 75
Geschlecht 31, 39, 125
Geschlechtsreife 20–22, 39, 125
Geschwister, Verlassen der 19, 41
Geschwüre im Mundraum 80
Gesundheit 52–53, 120–141
Gewicht 11
Gewöhnung an den Menschen 13
Giftige Pflanzen/Substanzen 86–89, 141
Gliedmaßen 53
Grundausstattung 66–67

H
Halblanghaarkatzen 42, 44–46
Halsband 67, 84–85, 113
Handschuhe 67, 78–79, 83, 107
Harnwegsinfektion 134–135
Hauskatzen 8, 23, 24, 26, 31, 38, 39, 41, 49
Haussitter 97
Hautkrankheiten, -probleme 53, 78, 86, 109
Hautpilzerkrankungen 131
Hautschäden, -verletzungen 124, 139
Heranwachsen 142
Hörvermögen 12, 14
Hunde und Katzen 17, 25, 44, 61, 89, 103
Husten 138, 141
Hygiene 64–65, 83

I
Immunschwäche 133
Immunsystem 119, 133
Impfungen 19, 90, 122–123
Innere Verletzungen 71, 136
Insekten 89 ; s.a. Flöhe
Insektenstiche 139

J
Jacobsonsches Organ 20
Jagd, -instinkt, -verhalten 8, 15, 19, 22–23, 28, 36, 73, 75, 112–113, 115

K
Kalorienreduziertes Futter 71
Kämme/kämmen 47, 67, 78–79
Kastration 22, 39, 125
Kater 23, 31, 39, 41, 44, 125, 142
Katzen-AIDS 133
Katzengras 110
Katzentoilette 56, 57, 65–67, 82–83, 93, 103
Katzenleukämie 122, 122–123, 133
Katzenmilch 70
Katzenminze 72–73
Katzenpensionen 96–97
Katzenschnupfen 53, 122, 131
Katzenseuche 53
Katzentür 93, 105, 109
Kauen 110
Kennzeichnung 67, 84–85
Kinder und Katzen 44, 60–61, 64–65, 76
Knochenbrüche, -verletzungen 137
Kommen auf Zuruf 75, 92, 100
Kommunikation 17, 21, 25, 29–35, 48
Korat 44
Körperbau 6–8
Körpersprache 17, 25, 29, 30, 34–35, 63
Kot absetzen 19, 20, 31–33, 104–105, 142, 143
Krallen 6, 16, 32, 67, 80, 108, 115
Krallen schneiden 79–80
Krallenzangen 79–80
Kratzbäume 32, 67, 95, 108–109
Kratzen 31–32, 67, 77, 106–109, 142
Kritische/sensible Phase 17, 19, 24–25, 40
Kuhmilch 70
Kurzhaarkatzen 42–44

L
Langhaarkatzen 42, 47
Läuse 130
Leckerchen 27, 63, 71, 93, 98, 100–101
Lecksucht (Pica) 38, 110–111
Leine 43, 90, 101
Lernen 14, 19, 21, 24–27, 29, 35, 55, 93, 98–101, 106, 110
Lungenerkrankungen 141
Lymphosarkom 133

M
Magenverstimmungen 69, 71, 132
Maine Coon 45–46
Manx 44
Markieren 19–20, 31–33, 104–105, 142
Maul/Mund 53, 80, 133
Mäuse 23, 123
Medikamente verabreichen 128–129
Miauen 21, 35, 77
Mikrochipkennzeichnung 85
Milch/Muttermilch 13, 20, 28–29, 111, 123; s.a. Kuhmilch, Katzenmilch
Milchtritt (Treteln) 12–13
Milchverdauung, 20, 132
Milchzähne, -gebiss 13, 14, 53, 132, 142
Mischlingskatzen 38–39
Mundraum, Geschwüre im 80

N
Nabelbruch 130
Nacktkatzen (Sphynx) 47
Näherkommen und Streicheln 76–77

Nase 10, 53
Nasenbluten 138
Nasenpolypen 133
Nassfutter 68–70
Nervosität 118–119; s.a. Ängstlichkeit
Neugeborene Kätzchen 10–11
Nickhaut 52, 132, 138–139
Norwegische Waldkatze 46
Notfälle 136–141
Nubische Falbkatze 8

O
Ohren 6, 34–35, 52, 79
Ohrenentzündungen 120
Ohrenschmalz 129
Ohrentropfen 129
Ohrhämatome 131
Ohrmilben 52, 130–131
Ohrpolypen 130
Ohrtätowierung 85
Orientalen 38, 75, 110, 126
Orientalisch Kurzhaar 17

P
Parasiten 41, 48, 53, 123–125, 130–131, 133; s.a. Flöhe, Ohrmilben
Parvovirus 122
Perser, -katzen 38, 47, 130
Persönlichkeit 19, 23, 43, 46, 50, 54–55
Pflanzen, giftige 86, 88
Pflege des Kätzchens 78–80
Pheromone 32, 57
Pica s. Lecksucht
Points s. Abzeichen
Polypen s. Ohrpolypen, Nasenpolypen
Proteine 68, 70
Protozoen 132
Putzen 16, 109

R
Ragdoll 46
Rassekatzen 38, 40
Rassen 17, 38, 42–47
Ratten 22, 23, 112–113, 123
Reiben 32, 35
Reiben, mit der Wange 19, 32, 57, 105, 109
Reisen 58–59
Revier markieren 19, 20, 32, 142
Rex-Katzen 47
Rivalität 20
Rolligkeit 125, 135

S
Sabbern 111
Saugen/Säugen 11–13, 28
Scheue Katzen 54–55
Schlafplatz 57, 67
Schnurren 11, 35
Schwangere und Katzen 64–65, 83, 133
Schwanz 35, 53
Sehvermögen 12, 14
Sensible Phase 17, 19, 24–25, 40
Sexuelle Entwicklung 20–22; s.a. Geschlechtsreife
Siamesen, Siamkatzen 35, 42–43, 47
Sicherheit 86–89
Soziabilität (Geselligkeit) 49, 55
Sozialisation 14–15, 17, 19, 24–25, 40
Sozialisierungsphase 15, 27
Sphynx (Nacktkatzen) 47
Speichelfluss 21
Spielen 14, 16, 17, 25, 72–75, 77, 95, 107, 111, 115
Spielzeug 72–75, 95, 107
Spulwurm 123
Stellreflex 11, 87, 138
Sterilisation 125

Streicheln 11, 26, 27, 55, 76–77, 115, 118
Stress 33, 56, 57, 83, 99, 104, 105, 119, 128, 135, 143
Streu, -material 67, 82–83, 93, 103
Streukiste 14; s.a. Katzenklo
Stubenreinheit, Probleme mit der 38, 48, 82, 102–103
Stürze 16, 87, 88, 138

T
Tabletten verabreichen 128–129
Tastsinn 11
Temperament 54–55; s.a. Persönlichkeit
Ticking 44
Tierarzt aussuchen 120–121
Tierhandlungen 48
Tierheime/Tierschutzvereine 50
»Tolle fünf Minuten« 106–107
Toravirus 132
Toxoplasmose 64–65, 83, 133
Tränenflecken, Tränenfluss 79, 131
Transport 58–59, 63
Trennung von Mutter und Geschwistern 19, 41, 48
Treteln (Milchtritt) 12–13
Trockenfutter 68, 70–71
Tumore 131, 133, 141
Türkische Van-Katze 46, 80

U
Übergewicht 71, 127
Urin, Urin spritzen 19, 20, 31, 33, 104–105, 117, 125, 135, 142–143

V
Vergiftungen 141
Verhalten 29, 35, 38, 43, 98–99, 142
Verhaltensprobleme, -störungen 24, 32, 43, 83, 94, 99, 102–119
Verkehrsunfälle 136–137
Verletzungen 84, 136, 138, 139
Verschlucken von Dingen 87, 110, 138, 140
Videofilme 95
Vielzehigkeit (Polydaktylie) 130
Viren 132–133
Vögel 22, 113, 123

W
Waldkatze, Norwegische 46
Wangendrüsen, -sekrete (Pheromone) 31–32, 57
Wasser 46, 57, 69–70
Weibliche Katze 31, 39
Wespen/Bienen 89
Wildkatzen, afrikanische 8
Wildkatzen, europäische 8
Wohnungskatzen 36, 41, 46, 54, 65, 72, 94–95
Wunden 134, 139
Würmer 53, 123, 130, 132

Z
Zähne 6, 16, 115; s.a. Milchzähne
Zähne, Reinigen der 71, 79–80, 126–127
Zahnfleischprobleme, -entzündung (Gingivitis) 71, 79, 80, 132–133
Zahnfreundliches Futter 71
Zahnhygiene, -pflege 71, 79–80, 126–127
Zäune 36, 90
Zimmerpflanzen 86, 110
Züchter, Zuchtverbände 17, 40, 44, 49, 50